KB188712

디지털 미디어 인사이트 2025

# AI 에이전트가 온다

디지털
미디어
인사이트
2025

# AI
# 에이전트가
# 온다

# 디지털 미디어 인사이트 2025:
# AI 에이전트가 온다

"2035년쯤이면 고속도로에서 사람이 운전하는 게 완전히 금지될 것입니다."

개발자 출신인 남세동 보이저엑스 대표의 AI 관련 강연 영상에서 접한 말인데요, 자율 주행 기술이 발전하면서 사람보다 인공지능 기반의 운행이 더 안전해질 것이라는 얘깁니다. 평소 '모빌리티(Mobility)'와 물류를 이동 수요를 해결하기 위한 변수를 줄이는 문제로 생각하던 관점에서 볼 때 동의할 만하고 꽤나 자극을 주는 말이었어요. 이런 전망을 다른 영역에 대입해, 10년 후를 예측해보면 어떨까요? 지금은 AI 기술과 더불어 여러 가지 상상력이 마구 샘솟는 시절을 지나고 있는 듯합니다.

늘 그래왔듯 변화의 시기엔 다양한 신호와 소음이 겹쳐서 들이 닥칩니다. 인터넷과 모바일을 매개로 '연결의 시대'가 열렸다면, 최근 불어닥치고 있는 AI 열풍은 어떤 변화로 연결될까요? 당장은 생성 AI(Generative AI), 즉 '생산의 혁신' 측면에서 다양한 변화 양상이 출현하고 있습니다.

DMI(Digital Media Insight)는 그 변화의 맥락을 미디어 환경 중심으로 읽어가고 있는데요, 이번에도 2025년을 준비하며 정리한 6편의 글을 모았습니다. 생성 AI 서비스가 차츰 우리 일상 속으로 스며들고 있는 현황을 짚어보면서 앞으로의 전망을 곁들이는 내용들입니다. 물론 AI 서비스가 우리 일상에 완전히 스며드는 데는 시간이 걸릴 것입니다. AI 기술이 과도한 에너지 소비를 유발한다는 비판도 있고요. 하지만 2024년 9월 순다르 피차이 구글 CEO가 말한 것처럼 이는 결국 시간문제일 듯합니다. "지난 18개월간 토큰 생성 비용이 97% 감소했다. 앞으로 인공지능 기술은 공기처럼 저렴해질 것이다."

정리한 내용들의 핵심을 간추리다 보니 자연스럽게 도출된 타이틀은 'AI 에이전트가 온다'였습니다. AI 서비스가 좀 더 구체적인 모습으로 다가오며 대중화하는 원년이 될 것이란 전망이 녹아 있는 제목입니다. 아직 온전한 에이전트 서비스는 아니지만, 요즘 생성 AI 서비스를 즐겨 쓰고 있다 보니, 당장 이 책에 대한 설명 글도 잠재 독자와 AI가 대화하는 형태로 정리해봤습니다.

독자: 《디지털 미디어 인사이트 2025: AI 에이전트가 온다》는 어떤 내용을 다루고 있나요?

AI: 이 책은 2025년의 디지털 미디어 환경을 둘러싼 여러 이슈를 예측하고 분석하는 6개의 챕터로 구성돼 있습니다. AI 기술의 발전이 미디어 산업 전반에 미치는 영향을 중점적으로 다루고 있죠.

독자: 흥미롭네요. 각 챕터별로 어떤 내용을 다루고 있는지 간단히 설명해주실 수 있나요?

AI: 물론이죠. 각 챕터별 주요 내용을 간략히 설명해드리겠습니다.

1장에서는 AI 산업의 현재와 미래를 다룹니다. AI 버블 논쟁을 포함해 2025년 AI 산업의 전망과 미디어 영역에서의 변화를 예측해봅니다.

2장은 AI 검색 시장의 경쟁 구도를 분석합니다. 그간의 검색 전쟁

히스토리도 얘기해보고요. 구글을 비롯한 빅테크 기업과 스타트업의 AI 검색 서비스 경쟁 현황을 살펴보고 향후 전망도 곁들였습니다.

3장에서는 스트리밍 서비스의 미래를 탐구합니다. 넷플릭스의 독주와 FAST 서비스의 성장, 그리고 AI 기술이 방송과 엔터테인먼트 산업에 미치는 영향을 분석합니다.

4장은 인구 변동과 사회적 변화가 미디어 환경에 미치는 영향을 다룹니다. 마케터들이 이러한 변화를 어떻게 이해하고 대응해야 할지에 대한 인사이트를 제공합니다.

5장에서는 2025년 한국 콘텐츠 IP의 성장 가능성과 전략을 논의합니다. 글로벌 시장에서 한국 드라마와 예능의 성과, 그리고 기업들의 자체 IP 개발 트렌드를 분석합니다.

마지막으로, 6장은 게임 산업과 AI의 융합을 다룹니다. 현재 상황을 진단하고 2025년 게임 산업의 모습도 전망합니다.

독자: 이 책을 읽으면 어떤 점에서 도움이 될까요?
AI: 이 책은 디지털 미디어 산업의 현재와 미래를 종합적으로 이해하는 데 큰 도움이 될 것입니다. 특히 다음과 같은 점에서 유용

할 거예요.

1. AI 기술의 발전이 미디어 산업 전반에 미치는 영향을 깊이 있게 이해할 수 있습니다.

2. 2025년의 미디어 환경을 예측함으로써 앞으로의 변화에 선제적으로 대응할 수 있는 인사이트를 얻을 수 있습니다.

3. 검색, 스트리밍, 게임 등 다양한 미디어 분야의 최신 트렌드와 미래 전망을 파악할 수 있습니다.

4. 인구구조 변화와 사회적 변화가 미디어 소비에 미치는 영향을 이해하고, 이에 따른 마케팅 전략을 수립하는 데 도움을 받을 수 있습니다.

5. 한국 콘텐츠의 글로벌 경쟁력과 IP 전략에 대한 인사이트를 얻을 수 있습니다.

독자: 이 책의 주된 독자층은 어떻게 될까요?

AI: 다양한 독자층에 유용할 것 같은데, 주요 대상은 다음과 같습니다.

1. 미디어 산업 종사자: 방송, 영화, 게임, 광고 등 다양한 미디어 분야

의 전문가들에게 미래 전망과 전략 수립에 필요한 정보를 제공합
니다.

2. 마케터와 비즈니스 전략가: 변화하는 미디어 환경에 맞춘 마케팅
전략을 수립하는 데 도움이 될 것입니다.

3. 기술 분야 실무자: AI와 미디어의 융합에 관심 있는 개발자, 엔지
니어에게 유용한 정보를 제공합니다.

4. 스타트업 창업자와 투자자: 미디어 기술 분야의 미래 전망을 통해
새로운 비즈니스 기회를 발견할 수 있습니다.

5. 미디어학과 연구자와 학생: 최신 미디어 트렌드와 미래 전망에 대
한 종합적 이해를 얻을 수 있습니다.

6. 일반 독자: 빠르게 변화하는 디지털 미디어 환경을 이해하고 싶은
모든 분에게 도움이 될 것입니다.


독자: 정말 흥미로운 책 같네요. 마지막으로, 이 책을 한 문장으로 요
약한다면요?

AI: "AI 에이전트가 주도하는 2025년의 디지털 미디어 혁명을 종합
적으로 분석하고, 이에 대응하기 위한 실용적 인사이트를 제공

하는 필수 가이드북."

독자: 감사합니다. 정말 유익한 정보였어요. 이 책을 꼭 읽어봐야겠네
    요!
AI: 네, 관심 가져주셔서 감사합니다.《디지털 미디어 인사이트 2025:
    AI 에이전트가 온다》를 통해 빠르게 변화하는 미디어 환경을 이
    해하고, 미래를 준비하는 데 큰 도움을 얻을 수 있을 거예요. 즐
    거운 독서 되시기 바랍니다!

김경달

# CONTENT

## AI와 검색 전쟁

## AI 시대, 스트리밍과 엔터테크 플랫폼 & 콘텐츠의 진화

## CHAPTER 4           황성연

## 인구구조의 변화에 따른 미디어 소비의 변화

## CHAPTER 5      이성민

## 한국형 슈퍼 IP 생태계의 시작

## CHAPTER 6

임상훈

## 게임 업계의 레이오프와 이로 인해 벌어지는 지각 변화

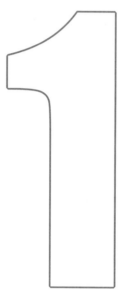

# AI 시대,
# 콘텐츠 생산 혁명과
# 유통 질서 변화

2024년 8월 말, 전 세계 주가가 요동치면서
전체 주식시장의 변동성이 커졌습니다.
그 이유 중 하나가 최근 1년간 주가 상승을
이끌어온 AI가 버블 또는 거품이었다는 것입니다.
AI 산업은 지금 어떻게 발전하고 있으며,
또 앞으로 어떠한 굴곡과 파동을 겪어나갈까요?
더불어 이것이 미디어 영역에서는 어떤 변화를
가져올까요?
AI를 개발하는 회사와 이를 비서처럼
활용하는 회사 중 최후 승자는 누가 될까요?
2025년에는 콘텐츠 생산 혁명을 불러오는
AI 시대가 본격적으로 전개될 전망입니다.

KANG JEONG SOO

강정수 저자의 강의를 직접 들어보세요.

**강정수** 더코어 CSO

디지털 경제 인사이트 전문가. 연세대학교 독문과를 졸업한 후 베를린자유대학교에서 경제학 학사 및 석사를, 비텐-헤어데케대학교에서 경영학 박사를 취득했다. 연세대학교 커뮤니케이션연구소 전문 연구원과 연세대학교 경영대학 특임 교수를 거쳐, 미디어 스타트업 인큐베이팅 및 투자회사 (주)메디아티의 CEO로 활동했다. 2019년부터 2년간 대통령 비서실 디지털소통센터장을 맡아 대통령의 디지털 커뮤니케이션을 조율했다. 현재 디지털 비즈니스 미디어 'The Core' 운영에 참여, 디지털 전략을 컨설팅하고 있다.

## AI 산업의 발전, 과연 'AI 모멘트'는 올까?

여러분도 아시는 것처럼 AI는 하나의 테크놀로지입니다. 하나의 테크놀로지는 시장과 연결될 때 발전합니다. 현재 AI는 시장을 형성하기 시작했고, 아직 그 초입 단계에 있습니다. 오픈AI의 CEO 샘 올트먼은 지금의 AI 기술 수준을 TV와 비교하면 흑백 TV 수준이라고 말합니다. 흑백 TV 시대를 지나 1970~1980년대 컬러 TV가 각 가정에 보급되고 거의 50년간 TV 산업이 발전했던 것처럼 이제 AI도 앞으로 50년간 자신의 시대를 만들어나갈 것으로 보입니다.

이 AI에 대한 다양한 평가 중 가장 눈길을 끌었던 것은 엔비디아의 CEO 젠슨 황이 한 평가입니다. 그는 현재의 AI 열풍은 '아이폰 모멘트(iPhone Moment)'와 비슷하다고 했지요.

여기서 우리가 짚고 넘어가야 할 것은 아이폰 모멘트라는 개념입니다. 여러분도 아시다시피, 이 이야기는 2007년으로 거슬러 올라갑니다. 스티브 잡스는 그해에 처음으로 아이폰을 세상에 선보였습니다. 잡스는 단 하나의 제품을 들고 나왔어요. 그러다 보니 많은 사람이 그 기술이 시장, 특히 대중 시장을 형성하지 못할 것이라고 예상했습니다.

저는 당시 독일에서 공부하고 있었는데, 그때 아이폰을 처음 접했습니다. 독일을 비롯한 유럽 전역과 미국 대부분 지역에서는 무선 통신 속도가 2G에 불과하던 때였어요. 지금은 우리가 5G 시대를 살고 있지만, 그 시절에는 2G가 주류였죠. 지도 앱을 켜서 터치라도 잘 못하면 모눈종이 화면만 보이곤 했죠.

그런 상황에서 모바일 인터넷이 대중화할 수 있을지 의문을 가진 사람이 많았습니다. 특히 공공 와이파이가 발전하지 않았고, 와이파이를 사용할 수 있는 장소도 매우 제한적이던 유럽이나 미국 같은 곳에서는 더욱 그랬죠. 많은 사람이 아이폰을 통한 대중 시장 형성은 어려울 것이라고 예상할 만했습니다. 대표적인 회사로는 노키아와 모토로라가 있었죠. 하지만 잘 알려졌다시피, 결국 이 두 회사는 몰락하고 맙니다.

아이폰은 단순한 제품이자 기술에 불과했지만, 새로운 스마트폰 대중 시장 카테고리를 창출하며 큰 변화를 일으켰습니다. 거기에 다양한 앱 생태계가 형성되며 스마트폰이 폭발적으로 성장했습니다. 현재 여러분이 사용하는 스마트폰이 아이폰이든 갤럭시든 상관없이,

기본 앱만 있는 스마트폰이나 아예 앱이 없는 스마트폰은 진정한 의미에서 '스마트'하다고 부를 수 없을 것입니다.

만약 카카오톡, 유튜브, 인스타그램 같은 주요 앱이 없거나 게임 앱조차 없는 스마트폰이었다면 과연 아이폰이 대중 시장을 형성할 수 있었을까요? 결국 다양한 앱 생태계의 형성이 대중 시장을 만드는 데 결정적 역할을 한 것이죠.

다양한 서비스가 결합하면서 사람들은 인터넷 뱅킹을 하고 쇼핑을 하고 영상을 보고 음악을 듣는 등 여러 활동을 모바일 기기를 통해 수행했습니다. 이로 인해 사람들의 스마트 업무는 데스크톱에서 모바일로 이동하며 새로운 생활 습관이 만들어졌습니다. 결과적으로, 이런 변화는 우리의 생활 방식을 크게 바꾸어놓았어요. 이제 우리는 언제 어디서나 손쉽게 필요한 정보를 얻고 서비스를 이용할 수 있는데, 이는 모두 다양하고 풍부한 앱 생태계 덕분입니다.

만약 지금이 젠슨 황이 언급한 AI 모멘트라면, AI 역시 대중 시장을 형성해야 하며 앱 생태계처럼 다양한 서비스가 연결되어야 합니다. 이를 통해 우리는 일상 업무뿐만 아니라 모든 생활 영역에서 AI로부터 새로운 행동 습관을 만들어내야 하죠.

클레이 셔키는 《끌리고 쏠리고 들끓다(Here Comes Everybody)》라는 책에서 기술혁명은 단순히 새로운 기술에 의해 발생하는 것이 아니라고 주장합니다. 사회가 그 기술을 수용하는 것만으로 일어나는 게 아니라 소비자들이 기술에 기반해서 새로운 행동 습관을 만들어나갈 때 비로소 진정한 기술혁명, 시장 혁명이 일어난다고 설명합니다.

2007년 아이폰이 처음 출시된 이후 지난 15년 동안 미디어와 커머스 시장 질서가 크게 변했습니다. 시장자본주의 관점에서는 통신사나 석유 기업 같은 전통적인 기업들 대신 빅테크 기업들이 전체 시장을 주도하게 만들었죠. 이런 대변화의 시작이 2007년 아이폰 출시였고, 이것을 아이폰 모멘트라고 하죠.

이제 다시 질문을 던져봅니다. 과연 우리는 지금 AI 모멘트에 진입하고 있는 것일까요?

만약 젠슨 황의 예측대로 앞으로 5년 또는 10년 후에 AI 모멘트가 사실로 드러난다면, AI 제품이나 서비스로 인해 거대한 시장들이 변화할 것입니다. 우리의 미디어 소비 및 생산 방식, 그리고 커머스까지 모두 바뀔 가능성이 큽니다.

그러나 아직까지 이런 변화가 검증되었다고 보기 어렵습니다. 이 글에서 저는 과연 우리가 그 길로 가고 있는지, 그 방향으로 나아가기 위해서는 어떤 모습이어야 하는지를 함께 고민해보려고 합니다.


## 현재 강력하게 주장되고 있는 AI 버블설

2022년 11월 30일에 챗GPT 3.5 버전이 출시된 이후, 세상은 완전히 변하고 있죠. 아직 만 3년이 지나지 않았지만, 이 짧은 기간 동안 정말 많은 사람이 AI 붐에 대해 이야기하고 있는데요, 이것은 매우 드문 일입니다.

AI 관련 주식에 투자하거나 AI를 도입하려는 기업이 늘어나고, 할리우드에서도 엔터테인먼트 AI를 도입하려 하는 등 다양한 분야에서 AI가 사용되고 있습니다. 하지만 최근에는 AI 거품론도 강력하게 제기되고 있습니다. AI 자체에 미래가 없다거나 생성 AI가 잘못된 기술이라고 주장하는 것은 아니고요, AI 관련 주식시장이나 실물경제에 거품이 끼고 있다는 것이죠.

이런 문제 제기는 2024년 6월 골드만 삭스에서 발표한 〈생성 AI: 너무 많은 비용, 너무 적은 이득?(Gen AI: too much spend, too little benefit)〉이라는 제목의 보고서를 통해 본격화되었습니다. 이 보고서는 AI에 대한 투자는 과도하게 이루어졌는데, 너무 적은 수익을 내고 있다고 지적합니다.

한국에도 《권력과 진보》라는 책으로 알려진 MIT 경제학과 교수 대런 아세모글루는 진정한 의미의 AI 전환이나 변화는 앞으로 약 10년 후에나 일어날 것이라고 합니다. 기술 수용이 그렇게 빠르지 않을 것이라는 이야기죠.

AI 산업에서는 스케일링 법칙(Scaling Law)이라는 개념이 존재합니다. 스케일링 법칙은 학습 데이터의 양을 2배로 늘리고 컴퓨팅 용량, 즉 엔비디아의 H100 같은 AI 칩의 양을 2배로 증가시키면 AI 거대 언어 모델의 성능도 2배로 향상한다는 것입니다. 지금까지 업계는 이를 '사실 법칙'으로 받아들여왔어요. 오픈AI가 챗GPT를 발전시키고, 앤트로픽이 클로드를 개선하고, 구글이 제미나이를 개발하는 과정에서 막대한 학습 데이터와 컴퓨팅 파워, 특히 엔비디아 칩을 계속해서 증대시켜왔습니다. 그 때문에 엔비디아는 애플을 제치고 전 세계 시총 1위 기업에 오르기도 했죠.

실리콘밸리에서는 이런 접근 방식이 널리 퍼져 있지만, 최근에는 이에 대한 비판도 많아지고 있습니다. 두 가지 비판이 있는데, 하나는 스케일링 법칙 자체가 아직까지 법칙으로서 인과관계를 확립하지 못했다는 거예요. 이는 앤트로픽 CEO도 이야기하고 있어요.

인풋 학습 데이터 대비 아웃풋 퍼포먼스 결과물이 그만큼 안 나온다는 점이죠. 예를 들어, GPT 3.5에서 GPT 4.0으로 업그레이드하거나 클로드 2.5에서 3.0으로 버전 업할 때마다 단순히 데이터를 2배로 늘리는 것만으로는 충분하지 않으며, 실제로는 3배 이상의 리소스를 투입해야 겨우 성능이 2배가 된다고 합니다.

문제는 어마어마한 초기 투자와 고정비용이 들어감에도 우리가 쓸 만한 AI의 기능은 조금씩 향상된다는 점이에요.

기술을 사용할 때는 학습 커브가 존재합니다. 기술에 더 많이 투자하고 그 기술을 사용할수록 그간의 학습을 통해 한계 생산 비용이 감소하며 커브가 그려지는 것이죠. 초기 고정비용이 높더라도 지속적인 투자와 생산을 통해 학습 커브가 발생하면, 이후 적은 비용으로 동일한 성과를 내거나 더 많은 성과를 낼 수 있습니다. 자본주의에서 이 과정은 규모의 경제로 작동하며, 이때 수익률이 향상할 수 있고 초기 투자 비용도 회수할 수 있지요.

예를 들어볼까요? [표1]은 비행기의 속도에 관한 것입니다. 여러분이 아시아, 유럽 또는 미국으로 여행할 때 타는 비행기의 속도는

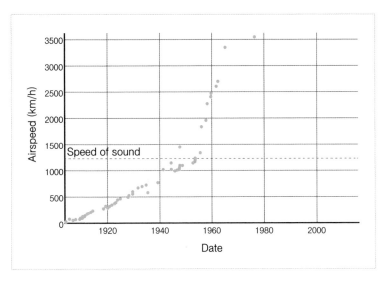

[표1] 시간 경과에 따른 비행 속도 기록. 출처: www.aisnakeoil.com

1980년 이후로 변하지 않았습니다. 그렇다면 인간의 항공 기술은 발전하지 않은 것일까요? 사실 기술과 엔진 모두 계속해서 진화해왔습니다.

그럼에도 불구하고 왜 비행기 속도가 더 빨라지지 않았을까요? 이는 투자 대비 수익이 보장되지 않기 때문입니다. 현재의 속도가 가장 효율적으로 수익을 창출하는 수준이기 때문이죠. 만약 더 빠른 속도를 추구한다면 에너지 효율성이나 승객 편의 등 여러 측면에서 손실이 발생합니다. 그래서 지난 40년 동안 비행기 속도가 개선되지 않고 있는 것이죠.

여기서 중요한 것은 기술 자체가 개선되지 않는 게 아니라, 시장

경제 논리 때문에 더 이상 발전시키지 않는다는 점입니다. 특정 산업에서는 이러한 현상이 나타날 수 있습니다. 예를 들어, AI 분야에서도 이런 부분이 존재한다고 주장하는 사람들이 있습니다. 즉, 어떤 산업에서는 이미 최적화된 상태에서 추가적인 기술 개발이 오히려 역효과를 낼 수 있다는 것입니다.

최근 AI는 퍼포먼스 향상을 위해 3배를 투자해도 2배만큼 좋아지거나, 1 대 1 정도만 향상되고 있는 상황입니다. 특히 2024년에는 이 현상이 더욱 두드러졌지요. 전문가들은 이런 비효율성을 해결하지 않으면 장기적으로 기업들이 큰 손실을 입을 것이라고 경고하고 있죠. 앞으로 더 높은 수준의 AI 모델을 개발하기 위해서는 기존의 스케일링 방식을 재검토해야 한다는 의견이 나오고 있습니다.


## AI 과잉 투자에 대한
## 월가의 걱정과 빅테크 기업의 불안

2024년 7월 미국의 매우 전통 있는 벤처 캐피털 세쿼이아(SEQUOIA)에서 〈AI's $600B Question〉이라는 보고서를 냈는데, 이것도 AI 버블에 대한 많은 논쟁을 불러일으켰습니다.

우선 [표2]를 한 번 살펴보시죠. 〈월스트리트 저널〉에 실린 기사인데, 미국의 4대 테크 기업인 아마존, 마이크로소프트, 알파벳, 메타의 지난 4년간 AI 관련 자본 지출을 보여줍니다. 해당 비용에는 부

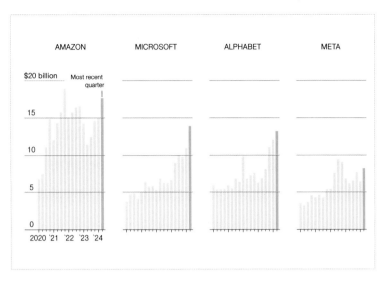

[표2] 기술 대기업의 분기별 AI 자본 지출. 출처: www.wsj.com

동산 및 장비 구입까지 모두 포함되어 있는데요, 표에서 볼 수 있듯이 자본 투자, 설비 투자 자금이 계속해서 증가하고 있습니다.

2024년 1월부터 6월까지 마이크로소프트, 구글 모회사 알파벳, 아마존, 메타 등 4개 기업이 무려 1,000억 달러 이상을 AI에 투자했지요. 빅테크 기업들은 앞으로 5년간 AI에 무려 1조 달러 넘는 돈을 투자할 것으로 보입니다. 이를 원화로 환산하면 무려 1,300조 원이나 되죠. 2024년 기준 대한민국 국가 예산이 656조 6,000억 원인데, 거의 2년치 예산이 AI에 몰릴 거라고 진단한 겁니다.

그렇다면 이렇게 투자할 경우 앞으로 5년 안에 우리가 말하는 일반 인공지능(Artificial General Intelligence, AGI)이 도래할 것인가? 일론 머스크가 언급한 것처럼 2년 안에 인간보다 더 똑똑한 AI가 등장할 것인가? 저는 절대 그렇게 생각하지 않습니다. 현재 월가에서 제기하는 핵심 질문은 이렇게 많은 천문학적 액수의 자금을 투입했는데, "내 AI 매출은 어디 있느냐?"는 겁니다. 즉, AI에 대한 투자는 있지만 그로 인한 매출은 없다는 것입니다.

세쿼이아의 분석에 따르면, 대략 2024년 4분기경이면 약 3,000억 달러(약 401조 원) 정도가 AI에 누적 투자될 것으로 예상합니다. 보통 소프트웨어 산업에서는 투자가 늘어나면 매출도 늘어납니다. 최대 8배까지 잡는데요, 보수적으로 2배 정도 예상한다고 해도 AI 산업의 매출은 6,000억 달러가량 나와야 합니다. 그런데 현실은 어떨까요?

현재 AI 관련 매출은 1,000억 달러도 채 되지 않으며, 심지어 일부 추정치로는 400억 달러에도 미치지 못합니다. 그리고 이 격차는 분기마다 더욱 커질 것입니다. 왜일까요? 이유는 간단합니다: 투자 금액은 계속해서 기하급수적으로 늘어나고 있는 데 반해 매출 증가 속도는 매우 느리기 때문입니다. 결국 이는 세쿼이아가 주장하는 것처럼 거품이 터질 가능성을 높이는 요인으로 작용할 수 있습니다.

기업들은 AI에 들어가는 돈으로 배당금을 주거나 자사주를 매입해 주가를 올릴 수도 있습니다. 즉, 기업이 좀 더 성장하고 주주들에게 도움이 되는 방향으로 사용할 수도 있죠. 하지만 현재 상황은 다릅니다. 빅테크 기업들은 과도한 투자로 이익률이 하락할 위험이 있지만, 그럼에도 AI에 대한 투자를 계속하겠다는 의지를 보이고 있습니다.

2024년 2분기 실적 발표에서 알파벳 CEO 순다르 피차이는 "과소 투자의 위험이 과잉 투자의 위험보다 크다"고 언급했습니다. 예컨대 마이크로소프트가 지난 분기에 140억 달러를 투자한 것을 보고 '우리는 14억 달러만 투자할까?' 하고 생각했다가 이내 불안해서 160억 달러를 투자하기로 결정하는 식이죠. 즉, 알파벳조차도 AI에 대한 투자가 과잉이라는 것을 인정한다는 의미입니다. 과잉 투자의 위험성이 과소 투자의 위험성보다 낮다고 판단하는 것이죠.

기업들은 현재 AI 인프라에 경쟁적으로 중복 투자를 하고 있습니다. 새로운 칩이 출시되면 이를 구매하지 않을 수 없어 추가적인 과잉 투자가 발생합니다. 엔비디아의 주가가 폭증한 것은 이렇게 엄청난 수요 때문에 가능했던 것이죠. 마치 미국의 골드 러시 때 정작 돈을 번 것은 청바지나 곡괭이를 파는 사람들이었던 것처럼 말이에요.

## AI의 투자 거품은 주의해야

AI의 거대 언어 모델을 개발하기 위해서는 성능 좋은 슈퍼컴퓨터용 그래픽 처리장치(GPU)가 필요합니다. 엔비디아는 일찍부터 AI용 반도체 제작에 주력했고, 고성능 GPU를 제작해왔지요. 고성능 GPU는 수천 개의 코어를 갖고 있어 동시에 대량의 데이터를 처리할 수 있습니다. 현재 AI 모델 훈련과 가상화폐 채굴, 자율 주행 자동차 등 다양한 용도로 쓰이고 있고요.

이런 엔비디아의 슈퍼컴퓨터용 GPU 모듈인 H100이 AI 개발 붐으로 인해 엄청난 수요가 일어났어요. 공급은 제한되어 있는데 수요는 폭발적으로 커졌기 때문에 H100 가격이 천정부지로 치솟았죠. 이것이 엔비디아에 막대한 수익을 가져다주었습니다.

지금은 엔비디아의 주식이 계속 오를지 궁금한 분들이 많을 것 같습니다. 여러 가지 환경 변수가 있지만, 현재 엔비디아의 주가는 대기 수요를 어떻게 막을 수 있느냐에 따라 변화할 것 같아요.

엔비디아는 2024년 하반기에 차세대 AI 가속용 GPU 블랙웰(모델명 B200)을 선보인다고 발표했습니다. 블랙웰은 H100보다 최대 25배 적은 비용과 에너지로 구동되며 최대 4배의 성능을 제공하는 것으로 알려져 있습니다. 당연히 이 칩 또한 빅테크 기업들이 거의 사재기를 하듯 구입할 것으로 보입니다.

그런데 몇몇 언론에서 블랙웰 출시가 2025년 상반기로 늦춰질 가능성이 있다고 이야기하고 있습니다. 이로 인해 오스본 효과(Osborne Effect)가 발생할 수 있죠. 오스본 효과는 어떤 회사가 아직 다음 제품을 판매할 단계가 아닌 시점에 차세대 제품을 미리 발표해 대기 수요를 만들어냄으로써, 현재에 판매 중인 제품의 구매 중단을 유발하는 걸 말합니다.

이 대기 수요로 인해 엔비디아의 2024년 4분기 매출은 급격히 감소할 수 있고, 이에 실망한 기관 투자자나 주주들의 주식 매도를 촉발할 수도 있지요. 현재 엔비디아는 4분기 블랙웰 출시에 아무 문제도 없다는 이야기를 계속하고 있는 중입니다.

저는 기본적으로 AI 기술 거품과 AI 투자 거품을 구별해야 한다고 생각합니다. 결론부터 말씀드리자면, 기술 거품은 크게 걱정하지 않아도 되지만, 투자 거품에 대해서는 걱정할 단계에 이르렀다고 이야기할 수 있을 것 같아요. 주식 전문가가 아니기 때문에 주식에 대해 말씀드리려는 것이 아니라, 시장 변동성이 커지고 있다는 걸 말씀드리는 것입니다.

우선 과잉 투자에 대한 월가의 근심이 극한으로 치닫고 있습니다. 기관 투자자들은 6개월 또는 12개월 단위로 실적을 평가받아 보너스를 수령하기 때문에 단기적인 수익 실현 욕구가 큽니다. 만약 향후 6개월이나 12개월 후 시장이 불안해질 것으로 예상되면 매도를 선택할 가능성이 높습니다. 예를 들어, 워런 버핏이 자신이 갖고 있던 애플 주식을 대량으로 팔았던 사례처럼 말입니다.

시장의 불안정성을 감지하면 펀드 매니저나 기관 투자자가 매도에 나설 수 있으며, 그 규모가 커지면 심리적 저항선과 지지선이 무너져 매도 랠리가 발생할 가능성이 충분히 존재합니다.

이런 상황은 여론으로도 확인되고 있습니다. 언론들이 입이라도 맞춘 듯 동시에 "월가가 열받고 있다"는 내용을 보도했죠. 헤지펀드사인 엘리엇은 엔비디아가 '버블 랜드'에 있다고까지 진단한 보고서를 냈어요. 종합해보면, 2024년 하반기와 2025년 초까지 AI 관련주의 변동성이 클 것으로 예상됩니다.

이제 우리는 다시 질문을 해봐야 할 것 같습니다. AI 버블은 언제 터질까요? 그리고 버블이 터지는 게 나쁜 것일까요?

먼저 이 버블이 언제 터질지 예상해본다면, 투자자와 월가의 인내심이 끝나는 지점, 즉 빅테크들이 재무제표를 발표하는 2025년 1월이나 2월 초에 조금 흔들릴 것으로 보입니다. 엔비디아의 2024년 4분기 실적이 좋거나 대기 수요가 발생할 때도 흔들릴 수 있지만, 이는 일시적인 현상일 겁니다.

AI 버블에서 가장 큰 변수는 오픈AI와 앤트로픽의 운명입니다. 두 회사는 추가적인 GPT 5.0 모델과 클로드 4.0 모델을 출시해야 하는데, 이를 위해서는 막대한 자금이 필요합니다. 업그레이드될 때마다 이전 단계보다 더 많은 돈이 들어가야 한다는 점도 리스크죠.

앤트로픽 CEO는 2027년쯤에는 모델을 업그레이드해야 하는데, 한 번 업그레이드에 1,000억 달러가 들어간다고 했어요. 어마어마한 돈이 거대 언어 모델의 업그레이드에 들어간다는 겁니다. 규모의 경제가 전혀 작동하지 않는 것이죠. 규모의 경제 효과란 동일한 투입으로 더 많은 산출을 내거나 동일한 산출을 더 적은 투입을 통해 만들어내는 것을 의미하지만, 여기서는 그게 전혀 작동하지 않는다는 점에서 문제가 됩니다. 앞에서 살펴봤다시피 AI 산업의 매출은 과도한 투자 대비 너무나 적은 상황입니다.

결국 누군가는 계속해서 돈을 지원해줘야 하죠. 벤처 캐피털이나 빅테크 기업들이 그 역할을 해야 하는데요, 최근 빅테크 기업들은 리버스 M&A 방식을 통해 AI 기술 확보를 하고 있습니다.

아마존은 어뎁트(Adept)를, 구글은 최고의 캐릭터 AI를, 마이크로소프트는 인플렉션 AI를 인수했는데, 이게 기존처럼 기업을 사는 방식이 아닙니다. CEO 창업자와 엔지니어는 데려오고 기술권만 사오는 형태로 진행합니다. 기업 가치를 그대로 지불하는데, 이 금액은 지금까지 투자한 벤처 캐피털이 가져갑니다. 그리고 해당 기업은 유령 회사나 껍데기 회사로 남게 되죠.

빅테크 기업들이 이런 방식을 취하는 이유는 미국과 영국 및 유럽연합 규제 당국이 빅테크의 독점을 경계하며 M&A를 제한하기 때문입니다. 하지만 사람 빼 오고 기술 빼 오는 작전을 하는데, 이것은 누가 봐도 M&A거든요. 그래서 미국 연방거래위원회(FTC)의 리나 칸 위원장은 이런 방식의 리버스 M&A에 문제를 제기했어요.

하지만 만약 오픈AI나 앤트로픽이 투자 시장으로부터 자금을 조달하지 못한다면, 결국 비용 때문에 역인수 방식으로 빅테크 기업에 흡수될 수 있습니다. 현재 챗GPT는 마이크로소프트가, 앤트로픽은 아마존이 가장 큰 대주주이지요.

앤트로픽이 아마존에 인수되거나 오픈AI가 마이크로소프트에 인수되는 순간, 대규모 언어 모델(LLM)은 스타트업에서 함부로 다룰 수 없다는 강력한 시장 신호를 줄 것입니다. '이건 정말 많은 돈이 필요한 일이구나'라는 인식을 심어주어 오히려 더 이상 투자를 하지 않을 수 있습니다. 대부분의 기업이 그렇게 투자할 만한 돈을 갖고 있지 않기 때문이죠. 이렇게 되면 버블이 터질 가능성은 매우 높다고 생각합니다.

다만 이런 식으로 버블이 터질 경우 투자자들도 많은 손해를 볼 수 있습니다. 그동안 자신이 한 투자의 가치를 되돌려 받지 못할 수 있기 때문입니다. 그렇다 보니 마이크로소프트나 아마존의 리버스 M&A를 막으려는 움직임과 논쟁도 많아질 테고요.

AI 거품이 언제 꺼지는지 보려면 2024년 하반기와 2025년 상반기 오픈AI와 앤트로픽이 새로운 버전을 업그레이드하기 위해 어떻게 자금을 조달할 것인지가 중요한 뉴스 중 하나라고 봅니다.

또 다른 신호는 밸런스 시트가 흔들려버릴 때입니다. 엔비디아가 블랙웰의 출시를 3개월 연기한 결정은 생산 측면에서는 흔한 일로 여겨질 수 있습니다. 하지만 이 결정이 단순히 엔비디아의 밸런스 시트에만 영향을 미치는 것이 아니라, 빅테크 기업에 파급 효과를 일으킬 수 있다는 점에 주목해야 합니다. 일종의 도미노 효과를 불러일으킬 수 있죠. 먼저 빅테크 기업들의 재무 상태에 영향을 미치고, 이것이 다시 반작용으로 엔비디아에 돌아올 수 있습니다. 현재 엔비디아의 시총이 너무 오르다 보니, 엔비디아의 주가가 떨어지면 나스닥이나 S&P의 지수도 떨어지는 것을 볼 수 있어요. 이런 식으로 거품이 꺼질 위험이 있는 겁니다.

요약하면 이렇습니다. 첫째 빅테크 기업들이 더 이상 AI에 대한 투자 여력이 없을 때 거품이 붕괴될 위험이 있고, 둘째 AGI 시대에 대한 공포가 사라질 때 거품이 꺼질 것으로 보입니다.

많은 사람이 AGI 시대가 곧 올 것이라고 이야기합니다. 하지만 저는 이것이 말도 안 된다고 생각해요. 오히려 공포 마케팅에 가깝다고 생각합니다.

AI 산업계에는 두 가지 공포 마케팅이 있는데요, "AI는 절대 안 돼"와 "AI가 있으면 인류를 멸망시킬 거야"라는 주장이 그것입니다. 전자는 AI한테 능력이 없다는 게 아니라 오히려 AI가 너무 강력해져서 산업이 붕괴할 것이라는 뜻이고요, 후자는 인간보다 더 똑똑한 AGI가 나와서 인간을 지배할 것이라는 의미죠. 특히 AGI의 위협은 일론 머스크도 많이 이야기하고 있는데요, 그가 이런 이야기를 하는 이유는 자신이 차린 X.AI에 투자를 받기 위해서예요. 마찬가지로 오픈AI의 샘 올트먼이 "GPT 5.0을 보고 너무 놀랐다" "곧 AGI가 나올 것"이라고 이야기한 이유도 결국은 투자를 유치하기 위해서죠. 그만큼 강력한 성능을 보일 테니 미리 투자하라는 신호입니다.

사람들은 유명한 CEO나 셀럽의 말에 현혹되어, 지금 투자하면 앞으로 큰 이득을 얻을 수 있다고 생각합니다. 하지만 이런 극단적 주장은 결국 마케팅 전략이니, 이에 속아 투자를 결정하지 않도록 주의해야 합니다. 대중 심리가 커지면 그게 바로 거품으로 이어지죠.

"AGI가 나오면 주가가 10배 올라 부자가 될 것이다." 이런 식의 말은 문제가 많습니다. CEO들까지 나서서 AI의 발전이 빠르게 진행될 것이라고 이야기하는데, 우리는 그들의 속마음을 반드시 살펴봐야 합니다.

이 외에도 AI 관련주에 현혹돼서는 안 됩니다. 투자 시장에서 관련주는 반드시 먼저 거품이 꺼지게 마련입니다. 대표적인 예를 슈퍼마이크로라는 회사에서 찾아볼 수 있습니다. 이 회사는 AI 관련주 중 하나로 알려져 있어, 한국 투자자들도 많은 관심을 가졌고 주가 또한 크게 상승했지요. 그러나 2024년 8월 첫 주에 있었던 실적 발표 이후 수익률은 떨어졌습니다. 매출이 증가했는데도 수익률이 떨어진 이유는 무엇일까요?

슈퍼마이크로는 엔비디아의 H100 칩을 조립해 랙 형태로 만들어 데이터센터에 납품하는 회사입니다. 메타, 마이크로소프트, 아마존, 알파벳 등의 기업들은 H100을 구매하면 바로 사용할 수 있는 게 아니라 슈퍼마이크로를 통해 조립된 제품을 받아야 합니다.

사실상 슈퍼마이크로는 조립 기술이 뛰어난 회사입니다. 고성능 H100 칩을 효율적으로 조립하고 발열 관리 능력이 뛰어납니다. 결국, 슈퍼마이크로 주식은 AI 주식이라기보다는 기술 관련 주식이죠. 이러한 펀더멘털을 이해하지 못하면 투자 위험이 큽니다. 현재 슈퍼마이크로의 주가는 최고점 대비 50% 이상 하락한 상태입니다. 그러니 공포 마케팅이나 관련주에 현혹되어 무리한 투자를 진행하는 것은 위험하다는 점을 다시 한번 말씀드리고 싶습니다.

지금까지 AI 거품이 터질 수 있는 두 가지 요인을 살펴보았습니다. 그런데 과연 AI 거품이 터지는 게 나쁜 것일까요? 제 답은 '아니요'입니다.


## AI 모멘트를 위해선 생성 AI 생태계가 만들어져야

기술은 항상 어느 정도의 거품을 가지고 있어요. 여기서 기술은

R&D 기술이 아니라, 시장에서 성장하기 시작하는 기술, 즉 범용 기술을 말합니다. 기술 발전의 역사를 살펴보면 항상 거품이 존재해왔고, 이것들이 터지는 과정이 있었습니다.

저는 생성 AI도 범용 기술이라고 생각해요. 범용 기술이라는 것은, 즉 기차가 아니라 철도라는 것이죠. 현대 문명은 빠른 운송 수단인 기차를 통해 물류가 확장되며 발전했는데요, 이는 철도라는 인프라가 제대로 깔리고 나서야 가능해진 거예요.

철도가 깔려야 기차를 갖고 돈을 버는 사람이 생기죠. 그리고 기차가 연결되어야 광주든 부산이든 관광 수요 같은 게 생겨 경제가 붐 업될 수 있습니다. 고속도로도 마찬가지죠. 경부고속도로가 깔려 물류의 이동성이 좋아지자 전체 경제가 활기를 띤 것처럼요.

지금 우리는 생성 AI를 통해 LLM, 즉 대규모 언어 모델이라는 인프라를 깔고 있는 거예요. 그러나 LLM 자체는 철도나 고속도로처럼 직접적으로 큰 수익을 창출하지 못합니다. 철도와 고속도로는 완공 후 통행료 정도를 받게 되는데, 이를 이용해 움직이는 물류가 만들어내는 이익에 비교하면 수입이 너무 적죠. 그래서 요즘은 이런 인프라 사업을 국가에서 진행하는데요, 인프라가 잘 만들어져야 추가적인 부가가치를 창출할 수 있기 때문입니다. 저는 현재의 생성 AI 기술도 마찬가지라고 봅니다.

〈이코노미스트〉는 미국 기업에서 챗GPT의 채택률이 10%를 넘지 않는다고 비판했습니다. 또한 앞으로 6개월 동안 이 수치가 크게 변하지 않을 거라며, 이렇게 낮은 채택률로 어떻게 큰 수익을 올릴 수 있을지 의문을 제기합니다.

우리 솔직히 이야기해보죠. 챗GPT와 클로드를 사용한다고 해서 업무 효율이 크게 향상될까요? 물론 챗GPT나 클로드는 유용한 도구입니다. 저도 챗GPT와 클로드를 매우 좋아하고 많은 도움을 받고 있습니다. 그렇다고 해서 이 도구들이 없으면 생활이 불가능할까요? 그건 아닐 겁니다. 현재 나와 있는 생성 AI 도구들은 아직까지 많은 생산성을 창출하지 못하고 있는 게 현실입니다.

챗GPT나 클로드 3.5는 인프라 상품에 불과하고, 이를 바탕으로 다양한 응용 프로그램을 만드는 게 더 중요하다고 볼 수 있습니다.

아이폰 모멘트를 예로 들어보겠습니다. 앱스토어가 그토록 빠르게 발전하지 않았다면 과연 스마트폰이 지금처럼 엄청난 시장을 형성할 수 있었을까요? 그렇지 않다고 저는 말씀드렸습니다.

유튜브나 틱톡이나 카톡이 안 깔렸고, 게임도 못 하고, 인터넷 뱅킹도 안 되고, 쇼핑도 불가능한 스마트폰이라면 누가 비싼 돈을 주고 살까요?

AI 모멘트는 아이폰이 대중 시장을 만들어낸 것처럼 다양한 산업 생태계를 형성할 때에야 비로소 시작될 수 있어요. GPT 4.0이나 클로드 3.5 같은 기술 자체뿐만 아니라, 이 기술이 어떤 생태계를 만들어내느냐에 따라 AI 모멘트가 올 수도 있고 그렇지 않을 수도 있습니다.

이는 마치 2007년에 아이폰이 출시되었을 때의 상황과 비슷한데요, 사람들은 처음엔 비싼 액세서리 같은 전화라고 생각했어요.

그리고 2008년 앱스토어가 생기고 몇 년이 지나서야 스마트폰이라는 대중 시장이 폭발적으로 형성되었죠. 그 이유는 앱스토어를 통해 다양한 응용 프로그램이 나왔고, 사람들이 이를 생활에 밀접하게 활용하기 시작했기 때문입니다.

새로운 기술은 투기와 거품을 동반하는 경향이 많습니다. 우리는 기술의 모멘트가 어떻게 생기는지 살펴봐야 합니다. 그래야 AI 모멘트가 언제 올지도 예측할 수 있을 테니까요.

좀 더 시간을 거슬러 올라가 산업혁명의 촉발점이 된 철도 기술에 대해 살펴볼까요? 철도 기술은 초기에 '레일웨이 마니아'라고 불릴 정도로 철도 건설 투기 붐을 동반했습니다. 그리고 철도 광란이라고 일컬을 정도의 집단적 주식 투기가 일어났죠.

1830년에 두 도시를 연결하는 '리버풀-맨체스터 철도'가 최초로 개통되었습니다. 사람들은 이 새로운 교통수단에 열광했습니다. 말이나 마차 대신 철도를 이용할 수 있다는 사실에 흥분했고, 영국에서만 무려 600개의 철도 회사가 생겨났습니다. 이처럼 초기의 철도는 국가가 아닌 민간 기업들이 건설했습니다. 영국, 유럽, 미국 모두 민간 자본으로 철도를 건설했죠. 기업들은 민간의 투자를 독려했고, 이에 귀족, 평민, 상인, 장인, 하인, 직공 할 것 없이 모든 계층이 철도에 투자하기 시작했습니다.

이 과정에서 탄생한 것이 바로 투자은행(IB)입니다. 민간 투자자들의 자금을 모아 철도 회사에 전달하는 역할을 했죠.

그런데 여러 회사에서 철도를 건설하다 보니 문제가 발생했습니다. 당시 사람들은 마찻길 옆에 철도를 놓았어요. 철도가 마차를 대체할 것이라는 생각 때문이었죠. 그래서 마찻길이 굽이굽이 이어지면 철도도 함께 굽어졌고, 산을 넘어가면 철도도 같이 산을 넘어 놓였습니다. 다리나 터널을 건설할 생각은 하지 않았던 것입니다. 이렇게 철도 건설을 마찻길의 패러다임에 맞추다 보니 생산 비용이 엄청나게 들었고, 기차 탑승 비용 또한 승객들이 돈을 내고 이용하기에는 부담스러운 상황이 되었습니다. 마차와 경쟁하려고 했지만, 가격 면에서 마차를 따라갈 수 없었죠. 그때까지 사람들은 이동에 큰 비용을 지출하지 않았거든요.

결국 1845년에 거품이 터집니다. 발화점은 영국 중앙은행이 이자율을 올리면서부터였습니다. 은행에서 돈을 빌린 철도 기업들은 여러 업체와 경쟁하는 상황에서 이자가 증가해 수익률이 더 떨어졌습니다. 결국 줄도산을 하게 된 거죠. 동시에 여기에 투자한 사람들도 모두 파산했죠. 당시 역사 기록을 보면, 철도 투자 금액이 영국 GDP의 7%라고 해요. 이 금액이 철도 기업들의 파산으로 전부 날아간 거예요. 그래서 일시적으로 영국의 중산층이 몰락하는 현상까지 생겼죠.

물론 철도는 지금까지 전 세계적으로 중요한, 없어서는 안 되는 기술로 시장에 살아남았어요. 이런 인프라 사업은 민영화하는 것이 어려워요. 설령 민영화한다고 해도 선로는 국가가 기준을 잡아야 하고, 책임까지 져야 하는 산업이에요.

즉, 철도의 모멘트가 오기 전 과대한 투자열이 영국의 중산층을 파산시켜버렸다는 점을 알아야 합니다.

또 하나 재미있는 예를 들어보겠습니다. 집에 전자레인지 다들 있으시죠? 이 전자레인지가 시장에 출현한 시기는 1947년입니다. 대단히 오래된 기술이죠. 그런데 1971년까지 미국에서 전자레인지를 갖고 있는 가구는 1%밖에 안 됐어요. 상품이 나오고 20년이 넘도록 사용하는 사람이 없었던 거예요. 그리고 1997년에야 미국 가구 90%가 전자레인지를 보유하게 됩니다. 상품이 나오고 거의 50년 만의 일입니다. 이것은 기술의 수용과 확산이, 그리고 시장을 형성하는 시기가 기술마다 다르며, 그냥 순식간에 시장이 형성되는 게 아니라는 걸 보여줍니다

테크놀로지가 마켓을 형성하는 것과 그 기술이 얼마나 뛰어난지는 별개의 문제입니다. 시장을 형성하는 과정은 다양한 주체들의 이해관계와 상호작용을 통해 여러 굴곡을 겪으며 이루어집니다. 물론 이 과정에서 빠른 속도로 성공할 수도 있죠. 아이폰이 아이폰 모멘트를 통해 시장에 확산된 것처럼요.

AI 또한 비슷한 속도로 발전할 것으로 예상합니다. 현재 챗GPT가 등장한 상황은 2007년 스티브 잡스가 아이폰을 시연했던 단계와 유사해요. 이런 초기 단계에서는 버블이 형성되거나 꺼질 수도 있고, 기술의 수용성이 느릴 수도 있죠.

## AI의 수익 창출은 어떻게?

이제 마지막 질문으로 넘어가보겠습니다. 그러면 앞으로 누가 AI를 통해 수익을 창출할까요? 그리고 어떤 산업이 돈을 벌게 될까요? 이 질문에 대한 답변을 드리겠습니다.

월가의 투자자들은 "AI 매출은 어디에서 발생하는가?"라는 질문을 던지고 있습니다. 이는 결국 누가, 어떤 산업이 AI를 통해 수익을 얻을지에 대한 문제입니다. 이 질문에 대한 답변이 가시화된다면, 2024년 하반기와 2025년의 산업 질서는 크게 변화할 것입니다. 월가의 기관 투자자들은 중요한 질문을 계속 던질 거예요. "AI 매출은 어디에 있는가? 어디서 발생할 것인가?"라고 말이죠. 챗GPT의 구독료에서 발생할 수 있을까요? 이 정도로 세상을 바꿀 만한 시장을 만들 수 있을까요? 저는 네 가지 방향성을 갖고 AI 관련 시장이 형성될 거라고 생각합니다.

첫 번째, 새로운 게이트웨이가 등장할 것입니다. 이는 포털 같은 서비스로, 네이버나 구글, 카카오톡 같은 AI 플랫폼이 생길 가능성이 큽니다.

두 번째, B2B 분야에 다양한 AI 서비스가 생길 것입니다. 이것이 에이전트화될 테고, 여러 어플리케이션의 등장을 이끌 겁니다. 저는 22달러를 내고 챗GPT를 쓰지 않아도 되고요. 각 직무에 맞춤형으로 제공하는 B2B형 AI 서비스가 나와야 합니다. 그래야 고객들의 지불 의사를 유발하고, 다양한 서비스가 생겨 내 업무를 대신 해주는 대리인처럼 쓰일 겁니다.

세 번째, 애플이 이 시장을 만들어나갈 것으로 보입니다. 현재 구글과 마이크로소프트가 AI에 직접 투자를 하고 있다면, 애플은 상대적으로 뒤처지는 것 같은 행보를 보이고 있지요. 그런데 결국은 애플이 돈을 제일 많이 벌 것으로 예상됩니다. 애플은 AI 자체로 수익을 창출하기보다는 이를 활용해 돈을 벌 거예요. AI가 정말 잘 작동하는 아이폰, AI가 정말 잘 작동하는 맥북을 만드는 식으로 말입니다.

마지막으로, 새로운 시장(New Market)의 형성이 필요합니다. AI와 시너지 효과를 만들어내는 새로운 시장이 성장하면서 전체적인 시장 규모도 커질 것입니다.

저는 이 네 가지 방향으로 AI 관련 시장이 확대될 것으로 예측하며, 이미 그런 조짐이 나타나고 있습니다.

우선 현재 AI 커뮤니케이션의 혁명이 일어나고 있습니다. 커뮤니케이션의 중심축이 바뀌면, 이는 게이트웨이에도 영향을 미칩니다. 예를 들어, 1989년 이전에도 인터넷이 이미 존재했지만, 월드 와이드 웹(www)이 등장함으로써 가상 인터넷 커뮤니케이션, 모바일 커뮤니케이션, 버추얼 커뮤니케이션 등이 가능해졌습니다. 지금 여러분이 보는 영상도 인터넷을 통한 버추얼 커뮤니케이션의 한 형태라고 할 수 있죠. 그런데 이런 커뮤니케이션 방식이 확산하면서 이 관문을 차지하고 있던 기업들이 큰 수익을 거두었습니다.

처음에는 인터넷 게이트웨이를 선점한 구글, 네이버 같은 기업이

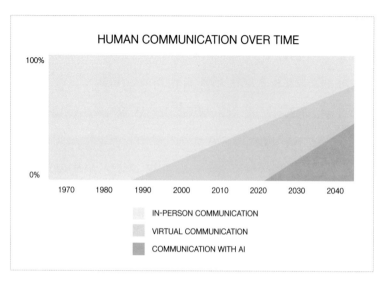

[표3] 시간에 따른 인간 커뮤니케이션 방식의 변화. 출처 : www.digitalnative.tech

돈을 벌었죠. 그다음 스마트폰이 보급되자 이제 모바일 게이트웨이를 선점한 기업, 즉 카카오나 유튜브 같은 기업이 돈을 벌었습니다.

클레이 셔키의 《끌리고 쏠리고 들끓다》라는 책에서는 우리가 커뮤니케이션하는 방식을 바꾸면 사회도 변화한다고 말합니다. 즉, 커뮤니케이터의 중심축이 인터넷과 모바일로 바뀌었던 것처럼 이제 AI로 커뮤니케이션하는 새로운 시대가 열렸습니다.

이미 음성으로 궁금한 것을 물어보면 답을 내주는 서치GPT가 모바일에 들어와 있고요, 기획서를 쓸 때 챗GPT로 수치를 물어보고 퍼플렉시티나 클로드를 활용하는 사람이 늘어나고 있습니다.

[표4]처럼 새로운 기술이 등장할 때마다 이를 선점하려는 새로

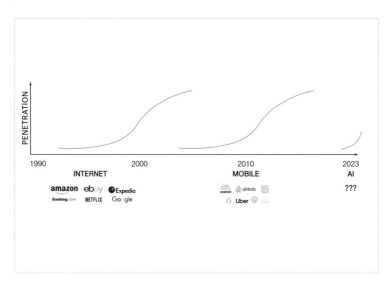

[표4] 성공적인 기술 물결을 위한 애플리케이션 레이어. 출처: www.digitalnative.tech

운 기업이 나타나고 성장했습니다. 그렇다면 AI가 중심 커뮤니케이션의 한 축을 담당할 때는 어떤 기업이 성장할까요? 여기서 승기를 잡기 위해 많은 기업이 경쟁할 것으로 보입니다.


## AI로 새로운 서비스를 만드는 기업은 어디?

AI 커뮤니케이션과 관련해 재미있는 예를 하나 들어볼게요. [표5]를 같이 살펴볼까요?

　미국에서 커플들이 데이트 상대를 만날 때, 과거에는 친구 소개

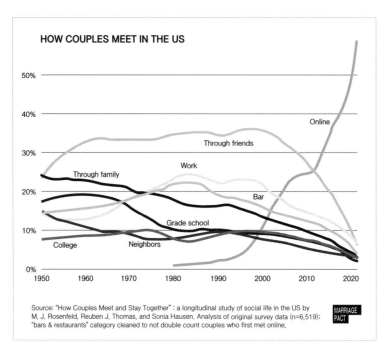

[표5] 미국 커플들은 어떻게 만날까. 출처: MARRIAGE PACT

가 가장 일반적인 방법이었습니다. 하지만 최근 몇 년 동안 소개팅 비율은 급격히 감소하고, 대신 온라인 데이팅 앱을 통해 만나는 비율이 50%를 넘어서고 있습니다. [표5]의 치솟은 선이 온라인을 통해 만나는 비율이에요.

한국에서는 여전히 데이팅 앱을 통해 만나는 게 좀 이상해 보일 수 있지만, 미국에서는 이제 매우 정상적인 일이 되었습니다. 이는 마치 사람들이 카톡을 처음 접했을 때와 비슷한 상황입니다. 당시에는 '어떻게 문자로 대화할 수 있지?'라는 반응이 대세였지만, 지금은 너무나도 당연한 일이 된 것처럼 말이죠.

지금은 친구 소개를 통한 만남이 거의 사라졌으며, 클럽 바나 회사 또는 학교 등에서 만나는 것보다 데이팅 앱을 통해 만나는 경우가 압도적으로 많습니다. 데이팅 앱을 통한 만남이 아주 정상적인 것으로 자리 잡은 겁니다.

사회적 인식과 문화가 변하면서 사람들은 점점 더 가상공간에서의 만남을 자연스럽게 받아들이고 있습니다. 이는 인간관계의 형성과 유지 방식에도 큰 영향을 미치고 있죠.

이때 각 커플을 매칭해주는 방법으로 AI가 활용되기도 합니다. 특히 인기 있는 서비스 중 하나는 코파일럿포데이팅(Copilot4Dating)이라는 앱인데요, 주로 남성 사용자들 사이에서 관심이 높습니다. 평균적으로 남성은 공감력이 부족하다고 알려져 있는데, 여성이 데이팅 앱에서 보내는 메시지를 해석하고 어떻게 답변할지 도움을 받기 위해 AI를 이용하는 것이죠. 이 서비스는 유료임에도 불구하고 큰 인기를 끌고 있습니다.

많은 남성이 이 서비스를 사용하자 여성들의 불만도 증가하고 있습니다. 남성들이 갑자기 말을 잘하기 시작했거든요. 이제는 말만으로 그 남자가 괜찮은 사람인지 아닌지 판단하기 어려워진 겁니다. 과거에는 쉽게 알 수 있었던 부분이 이제는 더 복잡해진 셈입니다.

여성에게 요즘 인기 있는 서비스는 AI 남자 친구입니다. 대표적인 것이 '레플리카(Replica)'라는 서비스인데, 무료로는 '어 프렌즈', 유료로는 '마이 프렌즈'로 사용할 수 있습니다. 특히 유료는 나에게 최

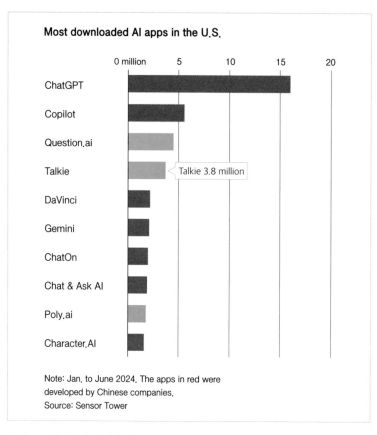

**Most downloaded AI apps in the U.S.**

| | 0 million | 5 | 10 | 15 | 20 |

- ChatGPT
- Copilot
- Question.ai
- Talkie — Talkie 3.8 million
- DaVinci
- Gemini
- ChatOn
- Chat & Ask AI
- Poly.ai
- Character.AI

Note: Jan. to June 2024. The apps in red were
developed by Chinese companies.
Source: Sensor Tower

[표6] 2024년 1월부터 6월까지 미국에서 가장 많이 다운로드된 AI 앱 순위. 출처: Sensor Tower

적화된 답변을 해주지요. 남자 친구나 남편한테 받지 못했던 위로,
공감 따위의 감정적 교류를 AI와 주고받는 겁니다.

또한 구글이 최근 인수한 '캐릭터 AI(Character.AI)' 역시 폭발적인
인기를 끌고 있죠. 한국에서도 뤼튼(Wrtn)이 유사한 서비스를 만들고
있다고 합니다.

메타는 캐릭터 AI와 비슷한 'AI 스튜디오'라는 서비스를 공개했는데요, 누구든 자신만의 AI 캐릭터를 만들어 대화할 수 있는 기능을 제공하고 있습니다. 미국에서만 서비스를 시작했는데, 인스타그램 DM, 페이스북 메신저, 왓츠앱 등 다양한 플랫폼에서 사용 가능하다고 해요. 그런데 지금 엄청난 인기를 끌고 있어 하루 평균 2시간씩 사용한다고 합니다.

애니메이션 주인공을 비롯해 심리상담사 같은 캐릭터도 인기가 많습니다. 심리상담사 캐릭터는 학업 문제 상담을 할 때 부모님하고 대화하는 것보다 훨씬 더 잘해주거든요. 부모는 우선 소리부터 지르고 얘기하는 반면, AI 캐릭터는 차근차근 대화를 나누죠. 이런 캐릭터는 직장 스트레스, 남녀 스트레스, 가족관계 스트레스 등으로 나뉘어 있습니다. 그러다 보니 하루 2시간씩 사람들이 대화를 나누는 것이겠죠.

현재 토키(Talkie)라는 서비스도 폭발적으로 인기를 끌고 있는데요, 토키는 틱톡처럼 중국 회사가 만든 AI 서비스로 2024년 여름에 폭발적으로 성장했습니다. 이 서비스는 사용자가 제작한 AI 캐릭터를 사람들이 많이 사용할수록 돈을 버는 시스템이에요. 물론 앱 내에서만 사용 가능한 돈인데요, 토키는 사용자가 자신의 가상 캐릭터를 업그레이드할 수 있는 재미 요소를 제공해요. 예를 들어 학업 상담 능력을 향상시켜 더 많은 사람에게 도움을 주는 식입니다.

# 검색엔진으로 들어가는 AI

AI 커뮤니케이션이 바꾸는 또 다른 것은 검색이죠. 요즘은 검색엔진 (Search Engine)에서 앤서엔진(Answer Engine)으로 변화하고 있다는 이야기를 많이 합니다. 퍼플렉시티, 구글 AI 오버뷰, 서치GPT 등의 서비스가 선을 보일 예정입니다.

오픈AI에서는 챗GPT 4.0 미니를 선보였는데요, 미니 버전은 정식 버전에 비해 추론 비용이 100분의 1로 줄었습니다. 이는 학습 비용이 아니라 우리가 서비스를 사용할 때마다 작용하는 비용이에요. 미니 버전 출시 전에는 질문에 하나의 답변을 받을 때마다 배터리 충전이 100에서 0으로 떨어질 정도로 전기를 많이 썼죠.

네이버의 큐(cue:) 서비스가 현재 제한적으로 서비스를 하는 속내도 이런 이유 때문입니다. 추론 비용이 너무 커서 자칫 일반 검색하듯 물어보면 엄청나게 많은 비용이 들어갑니다.

챗GPT가 미니 버전을 만든 이유는 무엇일까요? 무료 또는 저렴한 가격으로 대중에게 널리 보급하기 위해서입니다. 그걸 어디서 사용할 수 있을까요? 바로 아이폰입니다. 아이폰에 서치GPT를 도입하려는 거죠. 2024년 6월 10일 열린 WWDC24에서 애플은 음성 비서 시리에 챗GPT를 통합한다고 밝혔죠.

GPT 4.0 미니는 보이스 인터페이스인 시리에 결합됩니다. 대형 언어 모델이 아닌 소형 언어 모델, 즉 SLM이라고 부르는 모델이며 큰 비용이 들지 않습니다. 시리가 답하지 못하는 질문은 GPT 4.0으로 넘어갑니다. 이러한 기술을 통해 스마트폰의 사용자 경험(UI 및 UX)이 개선되고, 사용자들은 더 편리하게 기기를 사용할 수 있습니다.

애플은 꼭 GPT 4.0만을 고집한다고 말하지 않았어요. 클로드나 제미나이도 좋은 선택이라고 말하며, 소비자가 선택할 수 있도록 했습니다. 다만, 아직까지 이들 서비스들이 라이트 버전을 개발하지 못하고 있는 실정이지요. 하지만 시간문제일뿐 곧 제미나이와 클로드도 저렴한 버전을 출시해 검색 시장에 진입할 것으로 예상됩니다.

여기서 애플은 아이폰 OS, 즉 운영체제에서 작동하는 것은 자신들이 만드는 현명한 전략을 썼어요. 그런 후 거기에 앱스토어를 만들어 앱을 장착시키도록 해서 기능을 올리는 것이죠. 애플 사용자들은 다양한 AI 모델을 활용해 더욱 풍부한 검색 경험을 누릴 수 있을 것입니다. 결국 애플 제품을 계속 구입하게 될 테고요.

오픈AI를 비롯한 AI 기업들이 검색 시장에 진입할 수밖에 없는 이유가 있습니다.

첫째, 사람들이 자꾸 질문을 한다는 거예요. 2023년 4월까지의 데이터로만 학습된 AI한테 어제 주말에 있었던 야구 경기 결과나 선거 결과를 묻고, 내일 비행기가 뜨는지, 날씨가 어떤지를 계속 물어보는 상황이 발생하고 있죠. 이용자들은 끊임없이 질문하며 신뢰를 쌓는데, 이러한 질문에 답하지 못하는 것은 문제로 작용할 수 있어요.

둘째, 그들도 돈을 벌어야 해요. 월 구독료 22달러만으로는 한계가 있죠. 가령 GPT 4.0에 이렇게 묻는다고 쳐요. "다음 주에 오사카로 2박 3일 여행을 가려고 하는데 일정을 짜줘." 이때 검색과 커머

053

스를 연결해 호텔과 비행기 예약 광고를 띄우거나, 특정 제품 구매를 유도해 커미션을 받을 수 있다면 당연히 수익이 늘어나겠지요.

네이버 쇼핑이 성공한 이유도 사람들이 검색하면서 물건을 찾기 때문입니다. 사람들이 검색을 하면서 자꾸 물건에 대해 물어보니까, 그러면 '우리가 물건도 보여주자' 해서 네이버 쇼핑을 시작한 거잖아요. 검색은 반드시 커머스 시장하고 연관됩니다. 따라서 이런 부분에서 변화가 일어날 가능성이 큽니다.

애플은 지난 WWDC24에서 AI 플랫폼 '애플 인텔리전스'를 발표했습니다. 거기서 '온 디바이스 AI' 이야기를 했지요. 기기 안에서 모든 것을 처리한다는 말입니다. 애플은 애플 인텔리전스의 목표를 인간을 대체하는 것이 아니라, 더 나은 일상을 누릴 수 있도록 돕는데 중심에 두고 있다고 말합니다.

예를 들어, 시리한테 이렇게 물어본다고 쳐요. "엄마가 오늘 저녁 비행기로 공항에 도착하는데, 내가 몇 시에 출발하면 늦지 않게 도착할 수 있을까?" 그러자 시리는 "4시쯤 출발하면 늦지 않을 것 같아요"라고 답변해요. 이는 사실 여러 단계를 거쳐야 답할 수 있는 것입니다.

먼저 저의 캘린더 앱을 켜서 엄마가 공항에 몇 시에 도착하는지 확인하고, 공항 웹사이트를 열어 그 시간대에 도착하는 비행기 중 연착이 있는지 없는지 확인합니다.

그런 다음 지도 앱을 켭니다. 시리는 제 위치를 이미 알고 있기 때문에 공항까지의 거리를 계산했을 때 교통 정체까지 고려한 후 몇 시에 출발해야 늦지 않을지 답변해주는 겁니다. 앱을 최소한 3개는 열어본 거예요. 이것이 애플 인텔리전스입니다. 애플 인텔리전스는 OS와 AI를 결합시켰어요. 그 안에서 개인적인 맥락을 짚어내 답을 하는 것입니다.

모바일에 연결된 앱으로 필요한 정보를 선택해서 취합한 후 해결책을 제시하는 것이죠. AI의 영역이 단순히 작문을 더 잘하게 해준다거나, 그림을 예쁘게 그리도록 만들어주는 게 핵심은 아닙니다. 앱을 연결해 복합적인 해결책을 제시해주는 게 핵심입니다.

언젠가는 이런 것이 가능해질 겁니다. 배달 앱에서 음식을 시켜놓고 "시리야, 몇 분 후에 음식이 도착해?"라고 물어보면, "10분 뒤에 도착해요"라는 답이 나와요. 다시 "시리야, 내가 식사 준비를 하게 도착 5분 정도 전에 알려줘"라고 이야기하면, 또 그에 맞춰 답을 하는 거죠. 기계적인 알림이 아니라 배달 시간, 지연 등을 모두 확인해서 답을 하겠죠? 이런 식으로 달라지는 것입니다.

애플은 모바일 '사용자 인터페이스(UI)'에 대한 이해와 상호작용을 향상시키기 위해 '페렛 UI(Ferret-UI)'를 개발했습니다. 페렛 UI는 활성화된 앱에서 정보를 읽어 들이는 인공지능 언어 모델입니다. 이 모델은 시리한테 필요한 정보를 제공하는 역할을 합니다.

더불어 애플은 음성 비서하고의 자연스러운 상호작용을 위해 화면상에 나타낸 각종 참조 사항은 물론 대화 및 배경 맥락을 이해할 수 있는 새로운 언어 모델 '렐름(ReALM)'을 공개했어요. 이것은 시리 같은 음성 비서와 대화할 때 백그라운드 작업, 화면 데이터, 대화 관련 엔터티(Entity) 등 상호작용할 상황별 정보를 참조할 수 있도록 한 것으로, 역시 AI 에이전트에 필요한 기능이죠.

또한 애플은 인텐트(Intent) API라는 걸 만들었어요. 이건 앱을 개발하는 개발사가 앱 정보를 시리한테 줘야 해요. 기본 설정된 애플 앱엔 이미 이 기능이 연결되어 있죠. 하지만 앱의 정보를 다 주면 핵심 기술을 전달하는 것과 같잖아요. 그래서 아직 앱 기업들은 정보를 전달하지 않고 있죠. 하지만 계속 그렇게 할 수 있을까요?

예를 들어, 배달 앱의 2인자 요기요가 시리와 API를 통합한다면, "시리야, 음식을 주문해줘"라고 말할 때 요기요가 연결되며 사용 빈도가 늘어날 것입니다. 배달의민족과 경쟁하기 위해 먼저 자신의 앱을 애플과 연결시킬 수 있는 거죠. 이렇게 어느 한 앱이 연결되면 유사한 업종의 다른 앱은 엄청난 타격을 받을 수밖에 없습니다. 결국 쿠팡이츠나 배달의민족도 유사한 서비스를 제공하게 되는 거죠. 이는 게임 이론에서 '죄수의 딜레마'로 설명할 수 있습니다. 후발 주자가 먼저 API를 도입해 매출 증대 전략을 취하면, 다른 경쟁자들도 이를 따르게 되는 구조입니다.

AI와 앱이 결합하면서 생기는 변화는 특히 기술에 익숙하지 않은 고령층한테 큰 도움이 될 수 있습니다. 예를 들어, 제 부모님은 직접 기차표를 취소하기 어려워 저한테 부탁하곤 했는데, 앞으로는 시리를 통해 "시리야, 코레일 기차표 취소해줘"라고 말하면 바로 쉽게 해결할 수 있을 것입니다. 이것이 실제로 가능해진다면 저는 지금 부모님이 사용하는 휴대폰을 아이폰으로 바꿔드릴 용의가 충분히 있고요.

이렇게 시리가 AI로 진화하면 애플은 AI가 잘 작동하는 아이폰으로 업그레이드할 가능성이 있고, 여기에 인텐트 API가 결합되면 "시리야, 오늘 A한테 10만 원 이체해줘" "B가 오늘 생일이래. 5만 원 이체해줘"라는 명령으로 모든 게 실행될 거예요.

애플은 다른 빅테크 기업과 달리 대규모 언어 모델에는 직접 투자하지 않았어요. 대신 페렛 UI를 개발해 아이폰 안에 AI를 접목시키려 한 것이죠. 사용자는 이것이 AI인지 인식하지 못한 채 단순히 아이폰과 시리가 더 좋아졌다고만 느낄 것입니다. 애플은 이를 통해 아이폰 판매를 확대하려 할 테고요.

저는 앞으로 20개월은 지난 20년보다 많은 변화가 일어날 것으로 예상합니다. 그래서 AI의 기술 버블은 없다고 생각합니다. 이미 AI 기술이 성숙했거든요.

시리가 다른 앱에 쿼리(Query)를 던져 응답을 받아내는 방식으로 더욱 정확한 답변을 제공하는 것. 이런 걸 보통 에이전트라고 볼 수 있습니다. 에이전트는 여러 가지로 정의할 수 있어요. 스펙트럼이 커서 자동화하는 것도 에이전트라고 할 수 있지만, 시리가 자동으로 몇 가지 앱을 연 다음 정보를 가져와 좀 더 정확한 AI 답변을 만들어내는 것도 에이전트라고 볼 수 있죠.

이런 걸 통해서 하드웨어의 사용이 편해지고 업무를 수월하게 해내는 변화가 앞으로 20개월 사이에 일어날 거라고 저는 예상합니다.

## AI가 만들어갈 새로운 시장은?

AI 에이전트 외에 AI 기술이 만들어갈 새로운 시장은 어떻게 형성될까요?

우선 AI는 드라이빙과 결합하고 있습니다. 자율 주행 서비스가 처음 선을 보였을 때는 금방 현실화할 것 같았는데, 아직까지도 완벽하지 않잖아요. 2024년 4월까지는 자율 주행의 겨울이었다고 이야기해요. 그런데 그 후에 본격화하기 시작했습니다.

테슬라가 FSD를 선보였는데요, 이는 테슬라를 AI 기업으로 만들고 자율 주행을 추진하는 핵심 기술입니다. 카메라와 AI를 사용해 자동차가 자동으로 차선을 변경하며 정지 신호에서 속도를 줄이고 주차 또한 가능합니다.

구글은 웨이모를 통해서 자율 주행 서비스를 직접 운영하고 있죠. 웨이모는 원래 웨이팅 리스트에 등록된 사람들만 사용할 수 있었는데, 이제는 샌프란시스코에 온 관광객도 이용할 수 있습니다. 샌프란시스코뿐만 아니라 L.A.에서도 서비스를 제공하고 있으며, 곧 텍사스 오스틴으로 서비스 지역을 확장할 예정입니다.

더 놀라운 것은 중국의 상황입니다. 현재 중국은 여러 도시에서 로봇 택시 서비스를 운영 중이며, 2030년까지 100개 도시에 이 서비스를 확대하려고 국가 차원에서 적극 추진하고 있습니다.

하지만 아직까지는 미래의 시장이라고 볼 수 있죠. 웨이모의 경우 다른 곳에서 투자를 받지 못해 모회사인 알파벳에서 투자를 받았고요. 이 외에 사회적 협의가 필요하기도 하죠. 한국의 경우 '타다 금지법'이 있었는데, 자율 주행 택시 서비스를 실시한다고 해도 과연 사회적 협의와 수용이 가능할지는 좀 더 두고 봐야 해요.

두 번째 시장은 AI 로봇입니다. 기존의 로봇은 보통 휴리스틱 코드라고 불리는 규칙 기반의 코딩으로 작동했습니다. 이는 인간이 모든 동작을 프로그래밍한 것으로, 예를 들어 1mm 움직인 후에 3mm 더 움직이는 식입니다. 그러나 AI가 도입되면 자율 주행 자동차처럼 스스로 목표를 설정하고 과제를 수행하는 자율적인 로봇으로 변할 겁니다.

오픈AI의 챗GPT를 적용한 휴머노이드 로봇 '피겨 01'이 이미 출시되었고, 최근에는 BMW 공장에서 일하는 두 번째 버전도 공개되었습니다. 또한 어질리티 로보틱스는 휴머노이드 공장을 설립해 연간 1만 대의 로봇을 생산할 계획입니다.

중국은 AI 로봇 분야의 글로벌 리더가 되겠다고 공언하며, 대규모 투자를 통해 2027년까지 노동자 1만 명당 500대의 AI 로봇을 배치하겠다고 발표했습니다. 이는 약 3,500만 대의 AI 로봇을 생산하는 걸 의미합니다. 하지만 저는 2027년까지는 좀 힘들고 2030년쯤에야 가능하지 않을까 예상합니다.

전문가들은 AI 로봇 시장을 자동차 시장의 30배 규모로 평가하고 있습니다. AI 기술이 로보틱스 및 기계공학과 결합해 거대한 산업을 만들어내는 것이죠. 그리고 이 로봇들은 모두 하이엔드 칩, 고급 추론 칩을 탑재할 것입니다. 고성능 AI 칩이 들어가야 하고요. 또한 모든 로봇은 클라우드에 연결되겠죠. 그래야 로봇도 AS를 받을 수 있고, 작업량이 얼마인지 통계를 낼 수 있고, 충전 상태 등을 모니터링할 수 있습니다. 이를 위해서는 다시 대규모 인터넷 인프라와 데이터센터가 합니다.

또 다른 중요한 시너지 효과를 기대할 수 있는 분야는 바이오테크놀로지입니다. 특히 AI와 신약 개발이 결합되는 사례가 대표적입니다. 알파폴드라는 이름을 들어보셨을 겁니다. 딥마인드에서 개발한 이 기술은 인류가 가진 모든 단백질 구조, DNA 구조를 AI를 통해 밝혀냈습니다. 게다가 현재 이 정보는 무료로 공개된 상태입니다. 즉, 모든 대학교에서 사용할 수 있습니다. 덕분에 학술 연구가 폭발적으로 개선되었죠.

〈네이처〉에서도 언급했듯이 AI는 신약 개발을 가속화할 것입니다. 2024년 4월에는 알파폴드 3.0이 출시되었는데요, 1.0 버전이 단백질 구조만 밝혀냈다면 3.0은 단백질 구조 사이의 상호작용까지 밝혀냈습니다. 이는 질병 치료를 위한 신약 개발 속도를 가속화시킬 것입니다.

마지막으로 살펴볼 것은 밀리터리 시장입니다. 2024년 2월, 〈타임스〉는 우크라이나 전쟁을 인류사에서 '첫 번째 AI 전쟁(First AI War)'이라고 분석했습니다. 이 전쟁에서 AI와 군사 기술이 어떻게 결합되는지 살펴보며 적용하고 있는 것이죠.

미국의 남북전쟁 당시에도 영국, 프랑스, 독일, 이탈리아 등 여러 나라의 군사 작전관들이 모두 전장에 갔습니다. 그러면서 남군과 북

군이 사용하는 무기를 관찰하며 어떤 무기를 도입하고 생산할지 고민했죠. 신기술이 전장에서 어떻게 사용되는지 주목하고 이를 산업화한 겁니다. 현재 한국의 K-전차와 K-자주포가 많이 팔리는 이유도 러시아의 위협을 느낀 동유럽 국가들이 재무장을 하면서 이러한 무기를 구매하기 때문입니다. 이런 무기를 우리가 잘 만드는 이유는 한국전쟁 때 많이 사용해서 데이터를 많이 축적했기 때문이고요.

현재 우크라이나 전쟁에서는 AI가 광범위하게 활용되고 있습니다. 우크라이나 정부가 운영하는 웹사이트 '브레이브 1(Brave 1)'에는 공식적으로 인정한 전쟁 참여 AI 기업들의 리스트가 있어요. 여기엔 미국, 유럽, 일본 등의 기업이 무려 2,000개가 넘습니다. 2,000개 이상의 AI 기업이 우크라이나에서 자신들의 기술을 진화시키고 있는 겁니다.

이스라엘과 하마스의 전쟁에서도 인공지능이 사용되고 있습니다. '가스펠(Gospel)'이라는 이름의 AI가 이전에는 일주일에 한두 발에서 세 발 정도 쏘던 미사일 공격을 하루에 100발까지 쏘게끔 만들었어요. 과거 영화를 보면 '디지털 킬 체인 워 룸(Digital Kill Chain War Room)'에 20명 정도가 들어가서 정보를 분석했으나, 이제는 단 2명만으로도 100발을 쏘았다는 겁니다. 가스펠을 활용해서요. 이런 기술이 이미 국방 분야에서는 활발히 사용되고 있습니다.

그 밖에 흥미로운 사건도 있었습니다. 2024년 오픈AI는 가이드라인을 변경했습니다. 2024년 1월까지는 챗GPT를 군사 목적으로 사용할 수 없었는데, 이 조항을 삭제한 것입니다. 그리고 다음 날, 오픈

AI는 미국 국방부와 양해각서(MOU)를 맺었습니다. 물론 미국 국방부에 생성 AI 태스크 포스(TF)가 꾸려져 있었고요. 이건 프랑스, 한국에도 꾸려진 상태입니다.

군사 분야에 AI 기술이 적용되면서 앞으로는 모든 전차와 잠수함 등에도 AI 칩이 장착되고 모두가 인터넷으로 연결될 것입니다. AI 기술을 사용하려면 인터넷이 필요한데, 이때 스타링크가 제 역할을 할 것입니다. 우크라이나 전쟁에서도 일론 머스크가 스타링크를 무료로 제공했죠.

전쟁 시에는 통신을 어떻게 하겠습니까? 일론 머스크가 스타링크로 연결하면 된다는 것을 보여주자, 2024년에 거의 모든 나라의 국방부가 스타링크에 가입했습니다. 이렇게 전쟁이 벌어지면 많은 기업이 자신의 기술을 실험해보고 증명합니다. 군사 기술 영역에서 AI의 활용은 더욱더 늘어날 것입니다.

## AI 콘텐츠 생산 혁명

마지막으로 저는 AI를 통해 콘텐츠 분야에서 새로운 생산 혁명이 일어나고 있다고 생각합니다. 인터넷이 등장하면서 블로그가 생기고, 윤전기가 필요 없게 되면서 큰 변화가 있었죠. 이제 AI 기술은 콘텐츠 생산을 더욱 가속화할 것으로 보입니다.

이로 인해 자기표현의 시대가 올 것입니다. 저는 자기표현을 정말 잘 못합니다. 노래나 그림에도 소질이 없고, 글쓰기와 약간의 말하는 재주만 가지고 있죠. 이것 외에는 자기표현을 잘 못 하는데, 이제 AI를 활용하면 다양한 방법으로 나를 드러낼 수 있을 겁니다. 동영상이나 이미지를 만드는 것도 가능하고, 심지어 작사와 작곡도 가능해집니다.

그렇다면 이런 기술을 능숙하게 다루는 10대와 20대는 어떨까요? 그들은 성장하면서 AI 네이티브 세대로 자리 잡을 것입니다. 이는 완전히 새로운 자기표현의 시대로 나아가는 걸 의미합니다.

대표적인 예로 채플 론(Chappell Roan)이라는 가수를 들 수 있습니다. 1998년생인데, AI를 정말 잘 활용합니다. 그의 인기는 2024년에 폭발적으로 증가했지요. 노래뿐만 아니라 자기 표현력이 진짜 뛰어나죠. 그의 인스타그램과 틱톡을 보면 대부분 AI를 활용하고 있어요. 그걸 본인이 직접 제작합니다. 에이전시도 지원을 하고 있지만 마지막엔 직접 만들고 팬과 소통합니다.

저는 인터넷이 생산보다는 유통의 혁명이라고 생각합니다. 뭐든 쉽게 보고, 쉽게 들을 수 있게 만들었죠. 지난 몇십 년은 이런 유통의 혁명이 생산의 혁명보다 더욱 가치 있던 시기였습니다.

생성 AI는 제작의 혁명을 가져올 거라고 말씀드리고 싶습니다. 누구나 다양한 스타일의 콘텐츠를 제작할 수 있게 된 것이죠. "이번 일요일 공부 모임에서는 노래를 만들자." 이런 제안이 있을 때는 작사 작곡 AI인 스노 AI(Suno AI)를 사용하면 됩니다.

미국에서는 스노 AI를 사용해 제작한 음악을 스포티파이에 올리는 사람이 많습니다. 특히 스노 AI를 유료로 사용해 하루에 70곡씩 업로드하는 사람도 늘고 있다고 합니다. 한 곡당 1,000회만 재생되어도 수익을 얻을 수 있기 때문이죠. 그렇다 보니 창작자의 수가 폭발적으로 증가하는 겁니다. 이 외에도 창조적인 작업에 쓰이는 다양한 AI가 나오고 있죠.

이는 우리가 자기표현의 시대로 진입하고 있음을 의미합니다. 특히 젊은 소비자와 사용자들이 이러한 변화를 더욱 잘 수용하고 있다는 점에서 주목할 만합니다. 저는 이 같은 변화가 새로운 시대로의 전환을 분명히 드러내고 있다고 생각합니다. 생성 AI가 우리의 일상과 사회 깊숙이 들어오면서, 새로운 자기표현의 시대가 도래하고 있다고 믿습니다.

결론적으로, 저는 이제 비로소 AI 혁명이 시작되었다고 생각합니다. 이제 선로가 깔리고, 전자레인지 기술이 만들어진 때인 것이죠. 또는 스티브 잡스가 아이폰을 발표한 시점과 같습니다. 그리고 앞서 언급했듯이 AI는 이제 막 흑백 TV 시대에 진입한 것과 다름없습니다. 우리는 이제야 21세기 변화의 기술을 만들어내기 시작한 것이고, 이러한 발전은 앞으로의 세상을 전혀 다른 모습으로 바꾸어나갈 것입니다.

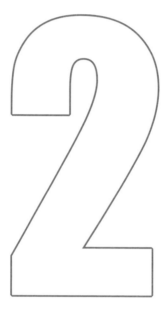

# AI와
# 검색 전쟁

방대한 양의 정보를 사용자 요구에 맞게
가공해서 전달하는 AI 시대가 열렸습니다.
현재 가장 첨예하게 경쟁하고 있는 쪽은
검색 시장입니다. 빅테크 기업뿐만 아니라
스타트업들까지 다양한 서비스를 선보이고
있는데요, 현재 검색 시장의 패권을 쥐고 있는
구글과 다양한 검색 서비스의 경쟁 구도가
어떻게 이어져왔는지를 살펴보고,
AI 검색 시대의 전쟁은 어떻게 흘러가고
있는지 알아보겠습니다.
2025년은 이 검색 전쟁이 본격적으로 벌어질
한 해로 보입니다.

KIM KYONG DAL

김경달 저자의 강의를 직접 들어보세요.

**김경달** 더코어 대표

미디어 분야의 경험이 많고 새로운 시도를 좋아한다. AI 솔루션을 개발, 운영중인 스타트업
의 공동창업자이자 인공지능(AI)과 비즈니스 등을 다루는 매체 'The Core'의 대표 겸 발행
인으로 재직중이다. 고려대 미디어대학원 겸임교수로 'AI와 저널리즘'을 강의중이다. 서울대
언론정보학과와 뉴욕대(NYU) 대학원을 졸업했다. 동아일보 기자 및 네이버 등 인터넷 포털
에서 근무한 이력이 있다. 모바일 콘텐츠 회사, 네오터치포인트를 창업해 운영했고 KBS 등
다수의 미디어와 기업에서 뉴미디어 자문활동을 했다.

오픈AI가 서치GPT를 출시하면서 검색 시장의 변동에 대한 관심이 높아지고 있습니다. 챗GPT가 등장한 후 AI 시대가 본격적으로 시작되었다고 할 정도로 큰 반향을 일으켰죠. 이제 서치GPT 출시로 구글의 패권이 흔들릴지, 혹은 다른 AI 기반 검색엔진이 많이 나오고 있는 가운데 검색 시장에 어떤 변화가 나타날지 관심이 높아지고 있습니다.

정보 역량은 현대사회에서 매우 중요한 역할을 합니다. 사람들이 필요한 정보를 얼마나 빠르고 정확하게 찾을 수 있는지가 개인과 조직의 효율성을 크게 좌우합니다. 따라서 검색 기술의 발전은 단순히 편리함을 넘어 지식과 정보 접근성 향상에도 기여합니다.

특히 AI 기반의 검색엔진은 기존 방식보다 더 정교하고 맞춤형 정보를 제공할 수 있어 사용자 경험을 크게 개선시킵니다. 이는 교육,

연구, 비즈니스 등 다양한 분야에서 큰 영향을 미칠 것으로 예상됩니다. 이러한 변화는 검색 전쟁이라는 새로운 국면으로 이어질 가능성이 큽니다.

## 검색 서비스의 중요성

그렇다면 우선 검색이 왜 중요한지 한 번 살펴보겠습니다. 검색이 중요한 이유는 두 가지로 요약할 수 있습니다. 첫째, 문화적 측면에서 정보 역량 문제입니다. 둘째, 경제적 측면에서 사업 역량을 결정짓는 요소입니다. 이는 검색 서비스가 단순한 기능에 그치지 않고, 우리의 문화적 정보 능력과 경제적 사업 능력을 좌우한다는 의미로 해석할 수 있습니다.

정보 역량 측면에서 살펴보면 정보 접근의 이슈, 문제 해결, 탐색 및 발견 등의 부분이 있습니다. 예를 들어, 네이버 창업자 이해진 의장은 네이버 검색엔진을 개발하던 초기에 "학생들이 숙제를 할 때 집에 백과사전이 있는 친구와 없는 친구 사이에 숙제 결과의 차이가 많이 생긴다. 이것은 일종의 차별이지 않은가?"라며, 이러한 정보 불평등을 해소해주는 검색엔진을 개발하려 했다고 말했습니다. 이처럼 정보 접근의 차이는 정보 역량의 차이를 낳고, 이것이 다른 분야에서도 상당히 많은 차이를 초래합니다. 사회적으로든 일상 문화 속에서든 검색엔진은 중요한 영향을 미친다고 볼 수 있습니다.

세계적으로 검색엔진은 초기부터 야후와 구글 같은 미국 검색엔진이 널리 사용되었습니다. 학생들이 거실이나 안방에서 정보를 얻고 숙제를 할 때 주로 이 검색엔진을 이용했죠. 그런데 유럽에선 이것이 문화적 침투라는 주장이 제기되기도 했어요. 그래서 프랑스와 독일 등에서는 자체 검색엔진을 만드는 국가적 프로젝트를 진행하기도 했는데, 성공은 못 한 것 같습니다.

정보 접근성은 단순히 개인의 편의를 넘어 국가적 전략으로도 고려될 만큼 중요한 요소입니다. 프랑스의 사례처럼 특정 국가가 자국민에게 독립적인 정보 접근 경로를 제공하려는 시도는 그 나라의 문화적 자주성을 지키기 위한 노력이라고 볼 수 있습니다.

그런 의미에서 우리나라의 네이버나 다음은 '토종' 검색엔진 서비스를 통해 정보 접근성을 확보하고 있지요.

정보 역량은 결국 생산성의 증대를 낳기도 합니다. 또한 정보에 기반한 의사 결정을 하게끔 만들어주는 등 여러 면에서 중요성을 갖습니다.

사업적인 역량 측면에서는 디지털 기반의 다양한 이커머스 상거래 활동이 증가하면서, 검색엔진이 매우 중요한 역할을 하고 있습니다. 소비자들이 원하는 제품과 서비스를 쉽게 찾을 수 있도록 도와주며, 기업에는 더 많은 고객한테 다가갈 기회를 제공하죠.

그렇다 보니 '검색엔진 최적화(SEO)'가 별도의 시장이 형성될 정도로 성장했습니다. 경제적으로 사업적 역량을 좌우할 만큼 중요한 요소가 된 것이죠. 검색 서비스는 단순히 상거래에만 국한되지 않고

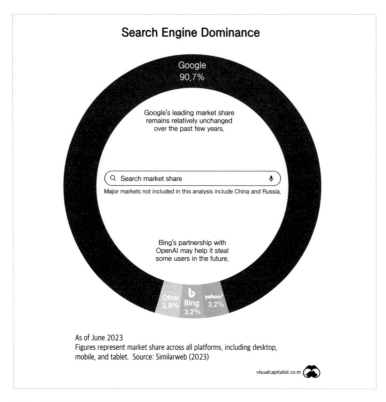

[표7] 구글의 검색엔진 시장 점유율. 출처: visualcapitalist.com

모든 브랜드, 제품, 미디어에도 큰 영향을 미칩니다.

SEO를 통해 기업들은 더 나은 온라인 가시성을 확보하고, 이로써 더 많은 고객에게 다가갈 수 있습니다. 이는 결국 매출 증가와 브랜드 인지도 향상으로 이어집니다.

미디어가 다양한 정보를 생산해도, 이를 이용자와 연결하고 유통하는 데 검색이 중요한 역할을 합니다. 어떻게 검색 서비스를 최적화해 사람들과 연결시킬지, 그리고 그 접점을 어떻게 만들고 유지하며 강화할 것인지에 대한 고민은 누구나 하고 있는 것 같습니다. 한때 "구글에서 검색되지 않으면 존재하지 않는 것과 같다"는 말이 나올 정도로, 검색의 중요성은 모두가 공감하는 부분입니다.

한때 인터넷을 '정보의 바다'라고 표현하던 시절을 지나 이제는 검색의 패권을 구글이 갖고 있어 '인터넷은 구글'이라는 이야기가 나올 정도입니다. 실제 영어권에서는 '인터넷에서 정보를 찾는다'는 말을 '구글한다'라고 표현하기도 하죠.

[표기에서 보는 것처럼 실제로 구글의 지배력은 압도적입니다. 모바일과 웹을 합쳐 90%가 넘습니다. 물론 중국의 바이두나 러시아의 얀덱스가 빠져 있긴 하지만요. 어쨌든 빙과 야후가 각각 3%대 점유율을 보이고, 네이버의 점유율은 0.48% 정도 됩니다. 순위로 보면 네이버는 5~10위권 안에 있습니다.

글로벌 차원에서 볼 때 구글을 제외하고 자국의 검색엔진을 가진 나라가 거의 없는데, 그나마 한국에서는 특이하게도 네이버가 50% 이상의 점유율을 갖고 있습니다. 이러한 구글의 압도적 지배력이 어떤 영향을 미칠지, 왜 이런 현상이 가능한지에 대해 살펴볼 필요가 있습니다. 단순히 검색 시장만의 문제는 아니라고 생각하기 때문입니다.

# 검색 광고 시장의 변화

[표8]에서 보면, 구글과 유튜브가 압도적으로 1, 2위를 차지하고 있습니다. 이 두 플랫폼은 알파벳이라는 모기업에 속해 있으며, 2024년 6월 기준 월 방문자 수가 각각 820억 회와 310억 회에 달합니다. 월 기준으로 합치면 1,100억 회가 넘습니다.

페이스북, 인스타그램, 왓츠앱 등을 운영하며 또 다른 디지털 제국으로 불리는 메타가 있지만, 이들 세 플랫폼의 월 방문자 수를 합쳐도 약 250억 회에 불과합니다. 알파벳하고는 단위가 다르죠. 알파벳은 메타의 거의 5배가량 되는 볼륨을 갖고 있습니다.

이런 점유율은 검색 광고 시장, 결국 '머니게임'과 연결됩니다. 구글의 검색 비중이 이렇게 크다 보니 플랫폼 파워가 바로 돈으로 전환되며 시장에서 상당한 수익을 가져가고 있는 것이죠.

[표9]를 보면 검색 광고 시장은 2022년 2,510억 달러, 한화로 약 340조 원의 시장을 형성했고, 2024년에는 3,060억 달러에 달할 것으로 예상됩니다. 더불어 현재 검색 광고 시장에서 구글이 차지하는 비율은 약 58%입니다. 거의 독과점에 가까운 수익을 얻고 있죠.

이 외에 바이두(15%), 아마존(14%), 빙(6%)이 검색 광고 시장을 나누어 가지고 있습니다. 아마존은 검색엔진 기업이 아닌데도 적지 않은 광고 시장을 차지하고 있죠. 이는 상품 검색이 대부분 아마존에서 이뤄지기 때문입니다.

[표10]은 1980년부터 2020년까지 글로벌 광고 지출의 변화를

[표8] 2024년 가장 많이 방문한 웹사이트. 출처: visualcapitalist.com

보여줍니다. 전통적인 광고 매체인 TV나 신문의 광고비는 감소한 반면, 검색 광고와 소셜 미디어, 이커머스 광고비는 수직 상승한 것을 알 수 있습니다. 2010년대에 들어 사람들이 대거 디지털 플랫폼으로 이동하자 마케터들의 관심이 집중되었고, 인쇄 매체는 서서히 몰락하기 시작했습니다. 2014년에는 TV 광고 지출도 비슷한 운명을 맞아

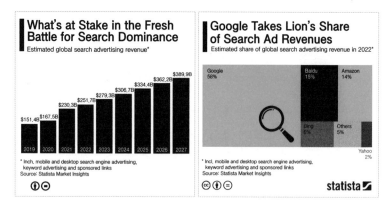

[표9] (왼쪽) 연도별 글로벌 검색 광고 수익 추정치. (오른쪽) 2022년 글로벌 검색 광고 수익 비율.
출처: statista.com

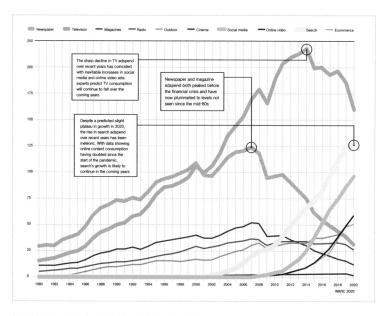

[표10] 1980~2020년 글로벌 광고 지출의 변화. 출처: visualcapitalist.com

거의 2,500억 달러로 정점을 찍은 후 감소세를 보이고 있습니다. 그럼에도 불구하고 TV는 여전히 전 세계 광고 지출에서 가장 큰 비중을 차지하고 있죠. 다만 표를 보면 전체 그래프 흐름상 TV 광고가 정점을 찍고 내려가는 중인 것으로 보입니다.

신문의 몰락은 2007년부터 시작되었는데, 표를 보면 검색엔진 광고 지출의 증가와 상관관계가 있어 보입니다. 검색 광고가 증가하기 시작하면서 신문 광고가 하향 곡선을 그리기 시작하거든요. 그리고 소셜 미디어 붐이 일자 다시 한번 꺾인 신문 광고는 이후 다시 회복세를 찾지 못하고 있습니다.

반면 오른쪽으로 급격하게 상승하는 곡선은 검색 광고이고, 이 곡선을 따라 올라가고 있는 두 번째 곡선은 소셜 미디어 광고입니다. 시간이 지나면 조만간 TV와 검색 광고의 크로스가 일어날 것으로 보입니다.

이 외에도 이커머스나 온라인 비디오 쪽의 광고 시장도 커지는 것을 볼 수 있습니다. 다만, 이 표에는 나와 있지 않지만 AI 시대를 맞아 검색 시장에 변화가 생긴다면, 이 수익 그래프에도 변화가 있을 것으로 보입니다. 현재 빅테크 기업들이 AI 개발에 전력을 쏟는 이유입니다.

이제 AI 시대의 검색 전쟁을 다루기에 앞서 기존 검색 시장이 어떻게 이어져왔는지 간단히 살펴보겠습니다.

# 검색 전쟁 라운드 1
## 야후 VS. 구글: 콘텐츠 기반에서 검색 알고리즘 기반으로

라운드 1은 야후가 맹주이던 초기 인터넷 시장에서 구글이 어떻게 발돋움해 1위로 올라섰는지에 대한 이야기입니다.

야후는 스탠포드 대학원생인 제리 양과 데이비드 파일로가 1995년 3월에 설립한 회사로, 1996년 나스닥에 상장되었습니다. IT 버블이라는 얘기도 있지만, 당시 주식시장에서 높은 평가를 받으며 시가총액이 상당히 높았던 때가 있었죠. 인터넷이 처음 등장했을 때, '인터넷은 야후'라는 말이 있을 정도였습니다.

야후 서비스의 특징은 크게 네 가지로 나눌 수 있습니다. 먼저, 웹 디렉토리 방식으로 카테고리에 따라 정보를 정리해서 제공했습니다. 예술, 교육, 과학, 사회 등 다양한 분야별로 정보를 쉽게 찾을 수 있도록 했죠. 'Yet Another Hierarchically Organized Oracle, YAHOO'이라는 이름처럼 체계적으로 정리된 안내자 역할을 한 것입니다. 그리고, 뉴스와 이메일 서비스 등 포털형 서비스는 물론, 채팅과 그룹 등 커뮤니티 기능, 뉴스와 날씨 및 스포츠 등 콘텐츠 서비스 등의 카테고리를 아울렀습니다.

이렇게 야후는 초기에 검색 서비스로 시작해 뉴스, 이메일, 쇼핑, 금융, 커뮤니티 등 다양한 서비스를 포함하는 사이트로 발전했습니다. 각종 콘텐츠 서비스를 아우르면서 요즘 우리가 포털이라고 얘기하는 형태의 아주 초기 원형을 제시했죠.

한때 잘나가던 야후가 왜 어려움을 겪게 되었는지를 살펴보면 구글이 어떻게 성장했는지도 알 수 있습니다.

야후의 역대 CEO들로는 창업자 제리 양, 테리 시멜, 마리사 메이어 등이 있습니다. 초기에 야후가 탄력을 받을 때 취임한 테리 시멜은 할리우드 스튜디오 출신으로 콘텐츠 백그라운드를 가진 인물입니다. 2001년부터 2007년까지 CEO를 역임했고, 당시 야후는 '콘텐츠 왕국'을 꿈꿨죠. 이후 경영 위기를 맞자 제리 양이 2007년 복귀했으나 상황이 여의치 않았고, 결국 2012년 구글 출신 마리사 메이어를 영입했습니다. 마리사 메이어는 53개 가량의 기업을 M&A하는 등 회생을 노렸지만 결국 잘 안 되었죠.

이 과정에서 몇 가지 에피소드가 있습니다.

2007년 복귀한 후 제리 양은 스티브 잡스를 임원 워크숍에 초대했는데, 이때 스티브 잡스가 한 가지 조언을 합니다.

"나는 야후가 콘텐츠 회사인지 테크놀로지 회사인지 잘 모르겠습니다. 하나만 고르십시오. 저라면 어떤 방향을 선택할지 이미 알고 있습니다만."

이 말은 야후가 테크 중심의 검색 회사로 더 집중해야 한다는 뜻이었죠. 하지만 결과적으로 야후는 이 조언을 제대로 반영하지 못했던 것 같습니다.

한 번은 마이크로소프트(MS)가 야후를 인수하려 한 적이 있습니다. 검색을 강화하기 위해 440억 달러, 한화로 약 50조 원에 야후를 인수하겠다고 제안한 것입니다. 하지만 야후는 거절했습니다. 그러다 결국 2017년 무렵 버라이즌(Verizon)이라는 통신 회사가 야후를 인수했는데, 그 금액이 48억 달러, 한화로 약 5조 원이었죠. 결국 MS가 제안한 금액의 10분의 1 가격에 매각된 것입니다.

그에 앞서 야후는 회생할 수 있는 좋은 계기가 있었지만 결국 모두 놓치고 말았습니다. 대표적인 것이 구글 인수 건입니다. 무려 두 번이나 구글을 인수할 수 있었는데, 그 기회를 놓쳤죠. 1998년 창업 후 1년쯤 지난 구글이 야후에 자사 인수를 타진했습니다. 100만 달러를 제시하면서요. 하지만 야후는 서비스 철학의 차이 등을 이유로 거절했습니다.

하지만 이후 급성장하는 구글의 잠재력을 파악한 야후 쪽에서 3년 뒤 인수 제안을 했는데 실패하고 맙니다. 구글이 야후에서 제시한 금액보다 많은 돈을 요구하자 포기해버린 것입니다.

야후는 페이스북도 인수할 기회가 있었죠. 2006년 거의 막바지까지 협상이 진행되었는데, 얼마 안 되는 가격 차이 때문에 어그러지고 말았죠. 이 외에 유튜브 인수전에 참여했지만, 구글에 빼앗긴 경험도 있습니다.

반면 야후가 인수에 성공한 회사는 주로 미디어 관련 기업이 많았습니다. 브로드캐스트닷컴, GeoCities, 오버추어, 텀블러, 라이트 미디어 등을 큰 돈을 들여 인수했죠. 이런 회사들을 통해 전략적으로 조금 다른 시도를 했던 것 같습니다. 하지만 결국 대부분 실패로 귀결되었죠.

이제 구글이 어떻게 성장하고 발전했으며, 검색의 최강자로 자리 잡았는지 살펴보겠습니다.

1998년 설립된 구글은 2004년에 나스닥에 상장되었습니다. 스탠포드 대학원생이던 두 창립자는 페이지와 랭크라는 알고리즘을 통해 검색 서비스를 개선하고자 했습니다. 이로 인해 사용자 만족도가 높아졌고, 구글은 빠르게 성장했죠.

구글의 가장 큰 특징 중 하나는 단순함입니다. 검색창 하나만 제공해 사용자가 원하는 정보를 입력하면 관련 디지털 기반 사이트를 제안하고 신속하게 이동할 수 있도록 했습니다. 이는 사람들이 원하는 정보를 빠르게 찾도록 해서 구글을 빠져나가도록 만드는 것이 목표였습니다.

반면, 야후는 콘텐츠 회사 대표를 영입해 다양한 서비스의 체류 시간을 늘리고, 이를 통해 서비스 기반과 수익을 키우는 전략을 펼쳤습니다. 야후가 사용자들이 더 오래 머물도록 유도한 반면, 구글은 정보 검색의 만족도를 높이는 데 주력한 것입니다.

그런 의미에서 구글과 야후는 철학적으로 큰 차이가 있었지요. 이처럼 야후와는 다른 구글의 철학이 시장에서 사용자에게 만족감을 주며 헤게모니를 확보했는데, 이것이 어떻게 가능했는지 살펴보겠습니다.

페이지 랭크는 많이 인용된 웹사이트가 더 좋은 정보를 제공하거나 많은 사람의 관심을 끌 가능성이 높다는 가정에 기반한 알고리즘입니다. 마치 많이 인용된 논문이 더 가치 있는 논문인 것처럼요. 이 페이지 랭크는 정보 검색 결과의 만족도를 높이는 데 기여합니다.

인터넷 초기에 구글은 상대적으로 페이지 랭크의 질을 높이는 데 좀 더 자본을 투여했다고 할까요? 정보를 가공하고 퍼블리싱해서 사람들에게 잘 연결시켜주는 것을 목표로 사이트를 만들었고, 그렇다 보니 제공하는 정보 콘텐츠의 퀄리티가 상대적으로 좋을 확률이 높았죠. 당연히 사용자들의 만족도도 높았고요.

이런 기반 위에서 광고를 통해 수익을 얻고, 특히 검색 광고 시장이 커지면서 기업의 지속성과 성장성을 크게 향상시킬 수 있었습니다. 또한 영어권 기반의 검색 서비스로서 글로벌 확장을 지속적으로 추진할 수 있었죠.

초기의 조직 문화도 구글을 비약적으로 성장하게 만든 요인이었습니다. 직원들에게 업무를 처리하고 남는 시간에 각자 하고 싶은 프로젝트를 하게끔 두고, '실패에서 배운다'는 문화를 만들었습니다. 실패를 장려하는 조직 문화 속에서 오히려 지속적 혁신을 시도했던 거죠.

여러 방향에서 구글은 검색 중심의 서비스에 많은 노력을 기울여왔습니다. 이는 야후와 상당히 다른 행보였으며, 구글을 계속해서 강력하게 만들어준 요소였습니다.

이후 구글은 유튜브를 인수해 최고의 영상 검색 서비스를 구축했습니다. 현재 사람들이 가장 많이 사용하는 검색 서비스 1, 2위를 구글과 유튜브가 차지하고 있지요. 그런데 구글의 독주를 방해하는 서비스가 출현합니다. 여러분도 예상하셨겠지만, 바로 페이스북입니다.

# 검색 전쟁 라운드 2
## 구글 VS. 페이스북: 지인 기반 추천의 등장

마침내 소셜 미디어의 시대가 열렸습니다. 대표 주자는 페이스북이었죠. 2008년 FB 개발자 대회에서 마크 주커버그는 이런 이야기를 합니다. "친구와 함께하는 웹 세상으로 가자." 그러면서 오픈 그래프(Open Graph) 전략을 발표했죠.

구글 검색은 우리가 정보를 찾고 소비할 때, 검색창에서 검색 후 구글 엔진을 통해 나온 결과를 바탕으로 사이트를 제공합니다. 그리고 열심히 클릭해서 알맞은 정보를 찾아나가도록 하는 방식입니다. 하지만 페이스북은 이런 패러다임을 바꾸었죠.

'내가 원래 아는 지인 네트워크 기반에서 좋은 정보를 많이 제안하는 것이 훨씬 더 신뢰할 만하고 좋은 정보 아닐까? 예를 들어, 영화를 좋아하는 친구가 추천하는 영화가 더 나은 정보일 가능성이 높고, 책을 즐겨 읽는 친구가 권하는 책이 내게 더욱 만족스러운 제안이 될 수 있지 않을까?' 이렇게 친구와 함께 정보를 나누는 것이 좀 더 괜찮은 웹 세상이라고 페이스북은 주장합니다.

하지만 구글 입장에서 보면, 이는 웹 세상에 블랙홀이 생긴 것이나 마찬가지였습니다. 많은 사람이 구글 검색 대신 친구들의 추천을 받아들이면 자연스럽게 검색 빈도가 줄어들 것이기 때문이죠. 그래서 당시 주커버그의 오픈 그래프 전략은 상당히 위협적이고 주목받는 이슈였습니다.

이 외에도 주커버그는 전략적으로 싱글 사인온(Single Sign-On, SSO)처럼 페이스북 아이디와 패스워드만 있으면 다른 사이트에서도 별도의 회원 가입 없이 연동이 가능하도록 만들었습니다.

예를 들어 〈뉴욕 타임스〉나 판도라 같은 음악 서비스, 옐프 같은 리뷰 플랫폼, 그리고 리바이스 같은 청바지 판매 사이트도 페이스북과 연동해 페이스북으로 가입하고 로그인하며 댓글을 달 수 있게 했습니다. 이는 페이스북 소셜 피드와 연동되어 큰 영향력을 발휘함으로써 페이스북을 크게 성장시켰습니다.

페이스북은 그후 메타라는 새로운 이름으로 변신해 전략적으로 텍스트 기반에서 이미지 기반, 영상 기반을 거쳐 VR와 AR를 포함한 메타버스로 확장하려는 비전을 표방해오고 있습니다. 그러나 최근 AI 시대가 도래하면서 그러한 전략에 약간의 변화를 추구하고 있는 듯합니다.

페이스북은 구글의 아성에 도전하고 있지만, 그럼에도 불구하고 구글의 강력한 지배력을 무너뜨리지는 못하고 있는 것으로 보입니다. 현재 웹 세계에서 구글이 차지하는 압도적인 이용자 트래픽과 비교할 때, 메타는 나름 의미 있는 기반을 갖추고 있지만 구글과 경쟁하기에는 힘이 달리는 상황입니다.

더욱이 최근 들어 소셜 그래프나 오픈 그래프 같은 지인 네트워크 기반이 약화하고 있다는 지적이 많이 나오고 있습니다. 특히 틱톡 등장 이후 이런 얘기가 더욱 부각되고 있죠. 이에 따라 사람들은 지인 기반보다는 관심사 기반 즉, 인터레스트 그래프(Interest Graph)가 더 중요하다고 목소리를 높이고 있습니다.

　　Axios에서는 이미 소셜 네트워크가 저물어가고 있다고 보도하기도 했죠. 물론 아직 완전히 저물었다고 말하기는 어렵지만, 방향성 측면에서 보면 쉽지 않은 상황임을 알 수 있습니다.


## 검색 전쟁 라운드 3
### 구글 VS. 틱톡: 관심사 기반의 인터레스트 그래프

유튜브를 대적하는 강력한 플랫폼, 전혀 다른 알고리즘으로 무장한 틱톡의 바람이 무섭습니다. 검색 전쟁의 3번째 라운드는 구글 vs. 틱톡입니다.

　　단순히 소셜 미디어 기반이 커지면서 구글이 위협받았던 것과 달리, 이제는 디바이스도 검색에 영향을 미치고 있습니다. 스마트폰의 기능이 컴퓨터 못지않게 발전하면서, 젊은 세대는 모든 활동을 모바일로 하고 있지요. 심지어 모바일로만 자판을 치다 보니, 오히려 컴퓨터를 잘 사용하지 못하는 해프닝도 종종 커뮤니티에 올라오곤 합니다.

　　이제 모바일 앱, 특히 틱톡 같은 영상 플랫폼이 젊은 층을 중심으로 검색 문화와 서비스의 형태를 바꾸기 시작했습니다. 〈뉴욕 타임스〉는 Z세대가 틱톡을 새로운 검색엔진으로 사용한다고 보도하기도 했죠.

구글 내에서도 검색 부문 총괄 프라바카르 라그하반 부사장이 '다음 키보드는 카메라'라고 언급하며, 인스타그램이나 틱톡 같은 플랫폼이 구글의 핵심 서비스인 검색에 상당한 위협이 된다는 점을 공식적인 자리에서 발표하기도 했습니다. 구글의 내부 조사 결과, 젊은 층의 약 40%가 구글 대신 인스타그램이나 틱톡에서 검색한다는 사실을 확인했다는 겁니다.

이에 대해 소셜 미디어 전문가 아드리엔 세레스가 링크드인에 포스팅한 내용을 보면, 실제로 Z세대를 대상으로 '포커스 그룹 인터뷰(FGI)'를 진행해 세 가지 주요 인사이트를 발견했다고 합니다.

첫 번째, '틱톡이 구글보다 훨씬 빠르다'는 것입니다. 구글로 검색할 때보다 시간이 덜 걸리고, 알고리즘이 사용자 개인을 더 잘 이해해 원하는 정보를 빨리 찾을 수 있다고 합니다.

두 번째, 능동적으로 클릭하며 하나하나 읽어야 하는 번거로움 없이 시각적으로 정보를 소비할 수 있습니다. 그러니까 '(읽게 하지 말고) 그냥 보여달라'는 얘기죠.

마지막으로, Z세대는 스스로 정보를 필터링하고 걸러낼 수 있다는 것입니다. 인스타그램 같은 비주얼 기반 소셜 미디어에서 정보를 소비할 때는 허위 내용을 접할 여지가 있는데, 그런 우려를 할 필요가 없다는 겁니다.

유튜브를 대체할 서비스로 틱톡을 이야기하다 보니 구글에서도 위협을 느낀 게 사실입니다. 그렇다고 이것이 이용자 기반 자체를 완전히 무너뜨리거나 크게 바꾸는 정도까지는 이르지 못한 것으로 보입니다.

## 검색 전쟁 라운드 4
## 구글 VS. AI: 진짜 위기의 시작?

야후를 제치고 페이스북과 틱톡의 위협에도 검색의 헤게모니를 쥐고 있던 구글이다 보니 조금 마음을 놓았던 걸까요? 사실 구글 내부에서는 AI 시대를 맞아 누구보다 열심히 개발에 열중했습니다. 그냥 방만하게 쉬고만 있었던 것은 아니죠. 2017년에는 〈가장 중요한 것은 어텐션이다 (Attention Is All You Need)〉라는 제목의 논문을 발표했어요.

이 논문은 현재 우리가 이야기하는 GPT 모델 같은 AI 서비스의 핵심인 트랜스포머(Transformer) 구조에 대해 설명한 것이었습니다. 그러나 이러한 혁신적인 기술 기반을 발견했음에도 불구하고 구글이 주춤하는 사이에 오픈AI가 앞서 나갔습니다. 그 결과 챗GPT가 탄생하게 되었죠.

마이크로소프트는 챗GPT에 많은 투자를 하며 자체 빙 검색엔진과 연동해서 점유율을 끌어올리기 위해 노력하고 있습니다. 또한 오픈AI는 애플과 제휴해 애플 아이폰의 시리하고 결합하는 형태로 모바일 사용성을 높이려 하고 있고요. 더 나아가 검색 서비스, 서치 GPT를 출시하기에 이르렀죠.

게다가 오픈AI뿐만 아니라 오픈AI 출신들이 설립한 퍼플렉시티도 회사명과 같은 이름의 퍼플렉시티라는 검색 서비스를 내놓았는데, 상당한 반향을 일으키고 있습니다. 그리고 젠스파크 등 또 다른 검색 서비스들이 등장하면서 AI 시대의 큰 변화를 예고하고 있습니다.

반면, 현재 구글은 방어적인 자세로 뒤따라가는 형국입니다. 코드레드(Code Red, 비상령)를 발동하며 내부적으로 비상 상황을 선언하기도 했지요. 서비스 측면에서는 바드(Bard)를 통해 AI를 접목한 새로운 검색 변화를 시도했죠. 이 서비스는 제미나이(Gemini)로 이름을 바꾸어 프로 버전까지 만드는 등 서비스 혁신 노력을 이어가고 있습니다.

구글에는 또 다른 위기도 있습니다. 2024년에 일어난 큰 사건 중 하나인데요, 최종 판결까지 간 것은 아니지만 미국 법원에서 구글을 독점 사업자로 판결한 것입니다. 최종심에서 이 판결이 유지된다면 크롬이나 안드로이드, 검색 서비스가 별도의 회사로 분리될 가능성이 크죠. 이는 구글에 치명적 변화와 데미지를 입힐 수 있고요. 요컨대 "구글은 위기다"라고 충분히 말할 수 있는 상황입니다.

2017년에 이미 트랜스포머 구조에 대한 논문을 발표하고 기술적 기반을 갖추었음에도 불구하고, 구글은 왜 그 시점에서 더 나아가지 못했는지 좀 더 생각해봐야 할 것 같습니다. 그때의 판단이 지금의 위기를 초래했다고 볼 수도 있기 때문이죠.

어찌 됐든 신생 스타트업으로 출발한 오픈AI가 챗GPT를 출시한 이후 AI 검색의 판도가 많이 바뀌었습니다.

그때부터 구글은 바쁘게 움직이기 시작했는데, 당시 CEO 순다르 피차이는 한 행사에서 이렇게 말했습니다. "AI는 인류 문명에 있어서 매우 중요한 기술입니다. 전기나 불의 발명과 같은 혁신적의미를 지니고 있습니다." 그런데도 구글은 충분히 빠르게 대응하지 못해 코드레드를 발동하고, 창업자인 레리 페이지와 세르게이 브린에게 도움을 요청할 정도로 상당한 위기감을 느끼고 있는 겁니다.

구글도 AI 기반 검색 서비스인 바드와 제미나이를 발빠르게 내놓긴 했어요. 하지만 기술이 충분히 안정화되어 있지 않다 보니 불난 집에 부채질하는 형국이 된 걸까요? 오히려 이 서비스를 공개하면서 상황이 더 악화하기도 했습니다.

바드를 공개할 때 아홉 살 아이한테 제임스 웹 우주망원경의 새로운 발견에 대해 어떻게 설명하겠느냐는 질문을 했는데, 이에 대해 제임스 웹 우주망원경이 최초로 태양계 밖의 행성 또는 외부 행성을 찍는 데 사용되었다는 오답을 한 것이죠. 참고로 외계 행성은 2004년 유럽 남방천문대에서 처음 찍었습니다.

구글이 잘못된 정보를 주었다는 것은 상당히 치명적입니다. 검색에서 가장 높은 신뢰도를 가져야 할 회사인데, 상당히 부정적인 이미지가 생겨버린 것이죠.

이뿐만이 아닙니다. 제미나이 서비스를 공표하면서 데모 영상을 내놓았는데, 이것이 연출된 것 아니냐는 의혹이 제기된 겁니다. 실제로 많은 오해를 샀고, 언론에서도 이를 많이 다루었습니다. 게다가 제미나이를 사용해본 사람들은 일론 머스크의 이미지가 흑인으로 나오거나, 제2차 세계대전 무렵 독일군의 이미지가 흑인으로 나오는 등 역사적으로 왜곡되는 것을 지적했습니다. 이 서비스가 완결성이 떨어진다고 비판한 것이죠.

이런 일련의 사건들로 인해 알파벳 주가는 급격히 출렁였습니다. CNN의 보도에 따르면, 하룻밤 사이에 1,000억 달러, 한화로 거의 100조 원 이상의 가치가 날아가는 일이 발생할 정도로 치명적이었지요. 이렇듯 AI 검색 시장은 여러 신생 기업과 빅테크 기업들의 전쟁터가 되어가고 있습니다.

## 검색 서비스 패러다임의 변화:
### 검색엔진 → 앤서링 머신 → 액션엔진

AI 기술이 발달할수록 검색 서비스에서는 큰 변화가 생길 수밖에 없습니다. 검색엔진은 단순히 정보를 찾는 도구에서 벗어나, 이제는 질문에 대한 답을 제공하는 앤서링 머신으로 변모하고 있습니다. 차후에는 액션엔진으로까지 발전할 것이라는 전망이 지배적입니다. 따라서 검색 전쟁은 일종의 플랫폼 전쟁으로 계속될 가능성이 큽니다.

기존의 검색 서비스는 '어떻게 하면 사람들에게 좋은 안내자가 될 수 있을까?'라는 관점에서 출발했습니다. 예컨대 기존의 검색 서비스가 좋은 답변이 있는 사이트로 안내하는 연결자로 활동했다면, 이제는 대화형 인터페이스로 변모해 좋은 답변을 주는 것이 매우 중요해졌죠. 더불어 이 결과를 바탕으로 API 등과의 연동을 통해 실제 행동으로 이어지게 만들 수도 있고요.

예를 들어, 호텔을 검색한 후 직접 예약을 해야겠다고 생각하면, 이를 바로 실행함으로써 액션의 전환이 일어나는 식입니다. 이렇게 AI와 접목된 검색엔진은 액션엔진으로 변화할 것으로 보입니다. 이 대목에서 AI 검색 등 AI 서비스가 또 다른 서비스들을 도구로 활용하면서 액션엔진이 되는 것이 바로 'AI 에이전트'가 등장하는 셈인데요. 이런 흐름은 이미 AI 기술 발전과 함께 거스르기 힘든 방향이 됐으며 점차 구체화되고 있는 것이 현실입니다.


# AI 검색엔진 1.
## 퍼플렉시티(Perplexity)


AI를 기반으로 하는 새로운 검색엔진도 등장하고 있습니다. 퍼플렉시티(Perplexity)는 오픈AI 출신 개발자들이 만든 서비스로, 자신들이 구글보다 더 잘할 수 있으며, 더 좋은 답변을 줄 수 있다고 주장합니다. 이에 젠슨 황과 제프 베조스 같은 인물들도 퍼플렉시티 서비스에 투자하면서 관심을 보이고 있죠. 그들의 목표는 명확합니다. 구글을 뛰어넘겠다는 각오죠. 실제 2024년 상반기 기준 월 방문자 수가 약 1,000만 명에 달하는데, 고객 충성도도 높은 편입니다. 또한 빙챗(Bing Chat) 검색량의 약 50%를 따라잡았다고 합니다.

퍼플렉시티의 타깃은 얼리어댑터나 헤비 유저, 검색을 많이 하는 사람들입니다. 이들을 대상으로 "구글보다 확실히 좋다"는 평판을 만들기 위해 총력을 기울이고 있습니다. 이 서비스의 특징이나 차별화 지점은-이 질문을 직접 퍼플렉시티에 물어보았습니다-질문에 대한 답변뿐만 아니라 이미지, 영상 등의 형태로도 동시에 정보를 제공한다는 것입니다. 프로로 업그레이드할 경우 질문에 따른 AI 이미지도 만들 수 있죠. 또한 질문이 키워드가 아니라 자연어 문장 형태로 입력되고, 답변도 문장 형태로 나오는데, 요점 정리처럼 개요식으로 제공하기도 합니다.

퍼플렉시티에서 자체적으로 말하는 강점은 직접적이고 포괄적인 답변을 주며, 출처를 투명하게 보여준다는 것입니다. 또한 개인화된 다양한 검색 기능도 지원한다고 말합니다.

AI 검색엔진에서는 SEO(검색엔진 최적화) 대신 AEO(답변엔진 최적화) 혹은 AIEO(AI검색 최적화)가 중요한 과제로 떠오르는데, 퍼플렉시티는 투명성을 강조하고 출처를 인용해 AI 서비스에서 발생할 수 있는 환각 현상, 오류나 거짓 정보를 줄이고 안정성과 신뢰성을 확보하는 데 최선을 다하고 있다고 말합니다. 실제로 퍼플렉시티의 대화형 검색은 기존의 구글 검색보다 더 만족스러운 경험을 제공한다는 이용자 피드백이 늘고 있습니다.

퍼플렉시티의 또 다른 장점은 실시간 데이터 학습을 통해 더 정확한 정보를 전달한다는 것입니다. 챗GPT의 경우 학습된 정보가 몇 년 전 버전이다 보니 아무래도 최근 내용을 물어보면 답변에 오류가 많이 생기죠. 퍼플렉시티는 이런 단점을 보완했습니다.

| 투명성<br>(출처 인용) | 대화형<br>검색 도우미 | 실시간<br>데이터 통합 | 개인화된<br>검색 경험 |
|---|---|---|---|
| 답변에 사용된 소스를 명시해 투명성을 높이며, 사용자가 정보를 검증할 수 있도록 함 | 코파일럿(Copilot) 기능을 통해 대화형 인터페이스 제공, 사용자가 질문을 확장해나갈 수 있도록 지원 | 다양한 출처에서 실시간으로 데이터를 가져와 종합적인 답변 생성 | 사용자의 선호도를 고려한 맞춤형 정보를 제공하며, 사용자가 선호하는 AI 모델을 선택할 수 있는 기능도 제공 |

[표11] AI 검색엔진 퍼플렉시티의 특징

마지막으로, 개인화된 검색 경험을 통해 사용자 선호도에 맞춘 맞춤형 서비스를 계속 특화해가고 있는 것 같습니다. 이러한 노력이 결실을 맺으면 퍼플렉시티는 앞으로 더욱 많은 사용자에게 사랑받는 서비스로 성장할 가능성이 높습니다. 국내에서도 SKT가 퍼플렉시티와 제휴를 맺고, 자체 AI 서비스 에이닷 회원 대상으로 1년간 퍼플렉시티 프로 서비스를 무상으로 제공하다보니 더 활성화될 전망입니다.

다음으로는 퍼플렉시티의 특징적인 서비스를 살펴보겠습니다. 퍼플렉시티의 메뉴는 홈(Home), 발견하기(Discover), 도서관(Library)으로 구성되어 있습니다. 특히 발견하기 메뉴는 단순한 검색엔진처럼 입력창에 질문을 넣으면 단순히 답변만 하는 게 아니라, 나를 위한

퍼플렉시티 검색 결과 화면 이미지

맞춤 발견 페이지를 만들어줍니다. 여기서 자신의 관심 카테고리를 저장하면 콘텐츠를 제안하거나 추천해주죠. 이건 완전히 미디어적인 서비스인데, 아무래도 퍼플렉시티가 검색엔진을 넘어 좀 더 포괄적인 정보 서비스를 지향하는 것처럼 보입니다.

또 다른 메뉴로는 '페이지'가 있는데요, AI 검색 결과를 활용해 직접 블로그 포스트 같은 콘텐츠를 만들 수 있는 기능입니다. 사용자들이 퍼플렉시티에 페이지를 개설하고 관심 정보를 검색하면 그에 맞는 정보를 정리해주는 것이죠. 이미지 검색과 영상 검색으로 자신만의 페이지를 만들어낼 수 있고요. 내가 만든 페이지를 다른 사람과 공유할 수도 있습니다.

페이스북에도 이미 같은 이름의 페이지 서비스가 있죠. 초기에는 기업들이 페이지를 만들어 다양한 홍보 활동을 벌였는데, 페이스북의 알고리즘 변경과 함께 페이지의 도달률이 많이 떨어지고 노출이 잘 안 되다 보니 현재는 중심을 다른 소셜 미디어로 옮긴 기업이 많습니다.

현재 퍼플렉시티의 가장 큰 고민은 방대한 데이터 학습을 통해 양질의 답변을 제공하게끔 만드는 것입니다. 이를 위해서는 언론사와 계약을 해야 하겠지만, 사용자들이 좋은 정보를 가지고 있다면 그걸 활용해서 답변을 가공해 제공하겠다는 의도가 페이지 서비스에서 엿보입니다.

이런 점에서 저는 구글의 독주 속에서도 네이버가 로컬 검색엔진으로서 초기에 돌파했던 전략이 떠오릅니다. 블로그와 지식인 같은 UCC(User Created Content)가 상당히 의미 있게 작동했는데, 이는 구조적으로 보면 비슷한 전략적 접근이라고 생각됩니다.

또한 퍼플렉시티는 쇼핑과 금융 등 신규 버티컬 서비스 영역을 넓혀가며 확장을 꾀하는 공격적인 행보를 펼치고 있습니다.

# AI 검색엔진 2.
## 젠스파크(GenSpark)

젠스파크라는 AI 검색 및 답변 서비스도 주목을 끌고 있는데요, 최근에는 6,000만 달러를 투자받기도 했습니다. 젠스파크 검색의 독특한 기능 중 하나는 오른쪽 상단에 위치한 '스파크페이지' 버튼입니

젠스파크 첫 화면 이미지

다. 여기서는 블로그와 유사한 스파크페이지를 생성하도록 제안합니다. 마치 나무위키와 유사한 페이지를 만들어내는데, 이것을 다른 이용자들과 공유할 수도 있습니다.

이 서비스는 트래블, 프로덕트, 이미지 등 카테고리별로 나뉘어 있으며, 비주얼한 정보를 앞세워 사용자를 유도합니다. 예를 들어, 이집트 여행을 일주일 동안 계획할 때 스케줄을 짜달라고 물어보면 '20개의 소스 페이지로부터 이렇게 짤 수 있다'는 식으로 서머리를 제공합니다. 첫날부터 7일 차까지의 여정을 상세히 짜주는 형태로 답변을 만들어내지요.

여기에 추가로 젠스파크 메뉴에 대한 추가 에이전트가 있어 조금 더 구체적인 질문을 유도하고, 거기에 답하는 형태로 답변의 질을 높이려 노력합니다. 그리고 이런 답변을 구체화시키면서 자신만의 스파크페이지를 만들어 활성화하게 합니다. 어떻게 보면 퍼플렉시티의 페이지와 비슷한 구조죠.

이외에 구버(Goover.ai) 서비스도 있습니다. 한국회사인 솔트룩스가 실리콘밸리에 설립한 미국 법인 구버(Goover)에서 같은 이름의 AI 검색 서비스를 내놓았는데요. 심층적으로 살펴본다는 뜻의 'Go over'에서 이름을 따왔고, 'AI re:search agent'라는 슬로건을 내걸고 맞춤형 정보를 찾아 심층 리포트까지 제공하겠다는 취지를 담고 있습니다.

이 서비스는 특정 주제에 대해 지속적으로 모니터링 및 분석을 하고 싶을 때 유용합니다. 이를테면 반도체 주식 투자를 하면서 관련 업계 동향을 꾸준히 알고 싶을 때 구버에서 브리핑 페이지를 만들면, 유관 정보를 찾아주는 것은 물론 자동 생성된 AI 리포트도 확인할 수 있는 식이죠. 서비스 초기이다 보니 아직은 주제별로 품질 차이가 제법 있어보이지만, 향후 관심두고 지켜볼 만한 서비스라고 생각합니다.

## AI 검색엔진 3.
## 구글 오버뷰(Google Overview)

구글의 AI 검색엔진 서비스도 접근 방법에서는 크게 다르지 않은 것 같습니다. 질문을 던졌을 때 출처를 먼저 보여주고 답변을 주는 형태는 퍼플렉시티와 유사합니다. 하지만 구글은 상대적으로 보면 출처라든지 정확성 같은 부분에 상당히 신중한 것처럼 보입니다. 검색 결과를 개인화시켜서 서비스의 만족도를 높이는 데에만 집중하는 것이 아니라, 신뢰성 있는 정보를 만들어내는 데 좀 더 신경을 쓰는 듯합니다.

수익 모델에서 발생하는 자기 잠식 이슈(Carnivalization Issue)와 관련된 고민이 구글에는 다른 스타트업보다 더 큰 문제로 다가오는 것 같습니다. 특히 정보를 보여주는 방식에 있어 표준적인 포맷을 어떻게 잡을지에 대한 고민이 깊어 보입니다. 예를 들어, 일반적인 검색에서는 그 차이가 덜할 수 있지만, 상업적 쿼리—즉, 상품이나 브랜드와 관련된 검색—에서는 어떤 가중치를 두어 무엇을 보이게 할 것인지가 문제인 것이죠. 이 공간은 흔히 스폰서 콘텐츠가 많이 등장할 수 있는 곳입니다.

AI 기반으로 답변형 서비스를 제공하려면 괜찮은 스폰서 콘텐츠 중에서도 정말 좋은 것만 골라 종합적인 답변 하나로 제공해야 합니다. 이런 경우 현재 상태에서 잘 작동하던 구글의 수익 모델이 무너질 가능성도 있습니다. 검색 서비스의 만족도만을 생각한다면 수익과 관련된 부분을 제쳐두고 종합적으로 만족도 높은 답변을 만드는 데 집중해야 하지만, 이는 구글에 수익이 줄어든다는 의미이기도 하니 많은 고민이 생길 수밖에 없죠.

그렇다면 검색에서 새로운 기준을 세워야 하는데, 어떤 정보를 우선순위로 줄 것인지가 플랫폼에서 중요한 고려 사항이 됩니다. 물론 플랫폼들이 알아서 자발적으로 정하겠지만요.

하지만 이는 이용자 후생 관점에서 큰 영향을 미칩니다. 빅 클라이언트인 광고주 중심으로 상업적 정보를 우선 취합하고, 그 속에서 답변을 생성하는 형태로 검색 엔진이 작동하면 이용자들은 상업적 이해관계 속에서 제한된 정보 탐색을 하게 됩니다. 이는 차별적이고 불공정한 이슈로 비판받을 소지가 있지요.

결국 이런 문제들은 우리가 알지 못하는 사이에 플랫폼들이 고민하고 결정해 서비스될 것입니다. 실제로 구글은 실적 발표 자리에서, 수익 모델의 충돌 이슈에 대해 내부 테스트 결과 큰 손실이 없다는 식으로 답변합니다. 이는 나름대로 테스트를 해봤고 적절히 작동할 만한 형태로 서비스 포맷을 만들어가고 있다는 뜻이죠.

## AI 검색 시장에서 애플과 네이버의 대응

AI 시대를 맞아 우리가 놓치지 말아야 할 기업 중 한 곳이 애플입니다. 현재 애플은 오픈AI와 제휴하고 있지만, 하나로만 한정하지 않고 다양한 서비스를 사용할 수도 있다는 태도를 보이고 있습니다. 애플은 디바이스 기반이 워낙 큰데, 이렇게 여러 검색 서비스가 디바이스로 들어오기 위해 애플과 손을 잡으려 한다면 결국 그 기반에서의 검색 문화, 검색 이용 행태 등이 크게 변화할 것으로 보입니다. 더불어 애플을 중심으로 검색 시장 내에서 어떤 헤게모니 정렬이 새롭게 일어나는 변수가 생길 수도 있겠습니다.

특히 AI가 시리(Siri)와 연결되어 검색 시장이 음성 기반으로 움직이고 활성화될 경우에는, 구글과 삼성(갤럭시)에서는 뒤따라갈 수밖에 없기에 애플이 중요한 변수로 떠오를 것 같습니다.

네이버 또한 현재 AI 기술 개발에 박차를 가하고 있죠. 네이버는 여러 가지 고민을 하면서 'HyperCLOVA X'라는 직접적인 언어 모델을 만들어가고 있습니다. 한국 내에서 이런 모델을 직접 시도하는 사업자가 그렇게 많지는 않은데요, 심지어 카카오의 경우에도 코GPT라는 모델을 만들다가 결국 포기하고 오픈 형태인 라마를 활용해 서비스를 만들어가는 형태로 전환할 정도로 대규모 언어 모델, 곧 LLM은 쉽지 않은 과제이지요. 상당한 자본을 투자해야 하니 더더욱 그런 것 같습니다.

그럼에도 불구하고 네이버는 이 부분을 계속해서 발전시켜나가고 있습니다. 검색에서는 큐(cue:)라는 서비스를 출시했고, 현재 많은 사람이 실제로 사용 중이죠. 전체적인 인터페이스는 이전의 다른 서비스와 유사하며, 출처나 소스도 대략 3개 정도 나오고 종합적인 답변을 제공합니다. 이러한 변화와 테스트를 통해 새로운 가능성을 모

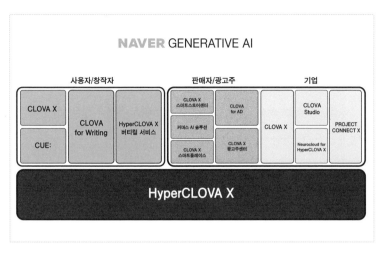

[표12] 네이버 제너레이티브 AI 구조

색하고 있는 상황입니다.

네이버 역시 이용자 기반과 수익 모델에서 변화를 겪고 있습니다. HyperCLOVA X 광고주들을 위한 스폰서드 콘텐츠를 답변 속에 자연스럽게 연결시킬 방안을 고민하는데요, 답변 옆의 공간에 조금 더 눈에 띄게 광고를 넣는 형태로 콜라보해서 넣을 수 있겠다는 예시를 보여주기도 합니다. 예를 들어, 런닝화를 사려는 고객이 질문을 하면, 나이키가 스폰서드 콘텐츠를 통해 그 사람에게 적절한 답변을 제공하는데, 이것을 브랜드 콘텐츠같이 협력 형태로 만들겠다는 겁니다. 이렇게 함으로써 이용자 만족도를 해치지 않으면서도 광고주가 녹아들 수 있게 하려는 시도입니다.

앞서 퍼플렉시티 이야기를 하면서 네이버의 서비스와 유사한 모습을 보인다고 언급했는데요, 바로 지식iN 서비스가 그것이죠. 이게 한편으로 유리한 측면도 있고, 다른 한편으로는 불리한 측면도 있어 보입니다.

보통 새로운 공간이 열린다는 측면에서 기존의 헤게모니를 쥔 사업자들은 불리한 경우가 많죠. 하지만 네이버의 경우는 이런 답변형 검색을 하는 데 강점을 갖고 있으므로 기회라고 생각됩니다.

네이버 지식iN은 질문과 답변 형태로 운영되었고, 많은 사람이 여기에 참여해왔죠. 그렇다 보니 상업적인 어뷰징도 생겼습니다. 사람들이 많이 이용하니 우리 서비스, 우리 브랜드, 우리 제품으로 고객의 주목을 끌고 유입시키겠다는 의도를 가진 콘텐츠가 늘어난 것이죠.

이렇게 상업적으로 변화하자 네이버에서는 전문가 답변이라는 영역을 만들어 전문적인 지식을 제공하기도 했습니다. 전문가들에게 홍보할 수 있는 공간을 제공함으로써 신뢰성을 높인 거죠.

검색 서비스로서 의미 있는 답변을 제공하면서도 C2C(Customer to Customer) 형태의 질의응답 시스템을 활성화해 초기 성장에 큰 기여를 했습니다. AI 시대에는 이러한 지식iN 모델이 더욱 유용할 수도 있다고 생각합니다. 네이버는 AI 기술에서 여러 장벽에 직면해 있고 큰 자본투자를 앞세운 글로벌 빅테크 기업들의 공세도 매우 위협적이지만, 그나마 해볼 만한 여지는 있다고 생각합니다.

# AI가 재정의하는 정보 검색과 소비자 행동 변화

이전에는 구글이 온라인 사이트 연결에서 압도적인 역할을 했습니다. 그러나 2024년에 들어서면서 오픈AI가 0.32%를 차지하며 등장하기 시작했습니다. 아직은 작은 비중이지만, 이는 AI 기반 서비스가 정보 연결자로서 상당한 역할을 할 거라는 시그널인 것 같습니다.

AI 검색이 우리 일상에 스며들면 어떤 변화가 생겨날까요? 대화형 인터페이스를 통해 '정답형' 검색 결과를 내놓기 시작하면 AI 검색 의존도가 더 커질 것으로 생각됩니다. 애플 시리(Siri)와 챗GPT의 결합처럼, 텍스트는 물론 음성 기반의 대화가 가미되면서 그 경향성은 더욱 강해지겠죠.

많이 언급되는 예시로 '여행'이 있습니다. 앞서 젠스파크의 사례처럼 여행계획 짜기를 세심하게 도와줄 수 있고요. 검색이 답변엔진을 넘어 액션엔진으로 변화해 직접 예약도 해주는 트렌드를 짚었듯이 AI 검색의 '유용성'이 확실히 체감될 정도로 향상될 것입니다.

예를 들어 마추픽추를 보려고 남미를 가는 등 낯선 곳으로의 여행을 계획할 때 AI 검색은 어떻게 작동하며 도움을 줄까요? 아마 이용자는 여행 기간과 꼭 보고 싶은 여행지, 숙소 관련 선호하는 사항을 적을 것이고 음식 메뉴 관련해선 알레르기 여부 등 유의 사항만 입력하면 될 것입니다. 그러면 AI 검색은 해당 기간의 날짜별 여행계획을 동선까지 고려해 제안해 줄 것입니다. 추가 문답을 통해 얼마든지 수정·보완을 할 수도 있고요. 어느 정도 확정이 되면 실제 숙소와

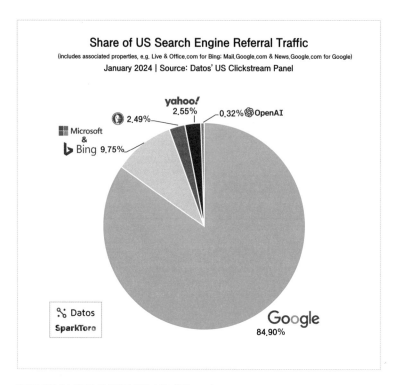

**Share of US Search Engine Referral Traffic**

(includes associated properties, e.g. Live & Office.com for Bing; Mail.Google.com & News.Google.com for Google)

January 2024 | Source: Datos' US Clickstream Panel

yahoo! 2.55%    2.49%    0.32% OpenAI

Microsoft & Bing 9.75%

Datos
SparkToro

Google
84.90%

[표13] 2024년 미국의 검색엔진 연결 순위. 출처: sparktoro.com

식당 등에 대한 예약까지 실행도 할 수 있을 겁니다. 말 그대로 '집사'처럼, 즉 에이전트 역할을 해주는 것이죠.

이러한 AI 검색의 유용성은 먼저 뉴스 소비방식에서도 큰 변화를 줄 가능성이 높습니다. 이는 인터넷 초기, 포털이 활성화될 때 뉴스 소비문화가 변화한 것을 연상하면 쉽게 짐작이 될 것입니다. 포털에서 뉴스 서비스의 인터페이스를 집합적 공간에서 열람할 수 있게 제공하면서 이용자들은 탐색시간을 줄이며 편리하게 뉴스를 열람하고 정보를 얻을 수 있게 되었죠. 포털의 뉴스 서비스가 활기를 띠고 이용자 기반이 커지면서 언론사들의 개별 닷컴 사이트는 활성화에 제약이 생기고 언론사들은 CP(Content Provider)로 전락하는 위상의 변화를 맛보기도 했습니다.

이 같은 변화의 맥락은 AI 검색 환경에서 더 강화되지 않을까요? 대화형 인터페이스에서 AI 검색은 언론사들의 기사를 인용하고 종합하며 정보를 제공할 것입니다. 아무래도 답변 형태의 정보제공이 우선될 것이고, 뉴스 출처의 표기나 아웃링크는 필수적으로 동반되긴 하겠지만 제한적일 수 밖에 없습니다. 언론사 입장에선 관문이 훨씬 좁아지는 것이고 자연히 트래픽 감소와 수익의 하락으로 이어질 확률이 높아질 것입니다.

물론 양측의 수요가 맞물려 있어 시장 초기부터, 상생협력 모델은 꾸준히 시도될 것입니다. AI 검색 서비스 입장에선 '실시간 데이터'의 중요성을 인지하고 있고, 언론사 입장에선 활성화되고 있는 신생 대형 플랫폼을 무시하거나 배제하긴 힘들 테니까요. 그래서 최근 오픈AI도 언론사와의 제휴를 연이어 발표했고, 퍼플렉시티는 언론사와 수익배분 모델을 내놓기도 했죠. 하지만 변화의 방향성에 있어 이용자 접점을 장악해 가고 있는 플랫폼 쪽의 헤게모니가 더 큰 것은 자명하고 그에 따라 콘텐츠 유통 질서 등 시장 정렬이 일어날 거란 전망이 우세합니다.

미디어의 연장선에서 홍보 마케팅 분야는, 그리고 좀 더 나아가 커머스 영역에선 어떤 영향이 생길까요? 사람들이 붐비는 새로운 디지털 플랫폼에서 고객과의 만남(접점)을 제대로 유지하려면 AI 검색에 관한 공부와 함께 능동적인 대응이 불가피할 것으로 보입니다. 왜냐하면 이용자들 입장에선 자신의 눈높이에 맞춰주는 대화를 이어가며 검색할 수 있는 AI 검색이 훨씬 만족도가 높을 것이고요. 더불어 정보 탐색에 그치지 않고 구매 행동까지 이어지는 것도 자연스럽고 매끄러운 과정이 될 수 있으니까요.

결국 AI 검색이 종전 인터넷 시대 초기의 포털처럼 새로운 관문 역할을 담당할 가능성이 높아지고 있습니다. 더불어, 이용자들의 뉴스 소비는 물론 정보 탐색 등 사회적인 커뮤니케이션 문화양식의 변화가 잇따를 것으로 보입니다. 또한 구매 행동의 변화 등 커머스 영역까지 아우르는 새로운 플랫폼 환경이 구축되면서 콘텐츠 생산과 유통의 질서도 영향을 받을 것으로 전망됩니다. 그러한 환경 속에서 AI 검색이 구심점과 같은 중요한 역할을 맡게 되는 것은 당연해 보입니다.


## AI 검색 시장의 두 가지 이슈를 해결하려면?

AI 검색이 활성화하면 여러가지 이슈가 제기될 것으로 보입니다. 우선 대표적으로 두 가지 이슈를 짚어보려 합니다. 첫 번째는 최적화 이슈이고, 두 번째는 스팸 이슈입니다.

첫 번째 이슈는 디지털 시대에 SEO가 매우 중요했듯이 이제는 AI 검색의 최적화도 중요해졌다는 것입니다. 이를 AEO(답변엔진 최적화, Answer Engine Optimization) 혹은 AIEO(AI 검색 최적화, AI Engine Optimization)로 부르고 있는데요, 이 책에선 AIEO로 칭하겠습니다.

최근 구글의 검색엔진 알고리즘이 어떻게 작동하는지 내부 문서 유출 사건을 통해 알려졌지요. 예를 들어, 구글이 크롬 데이터와 개인 이용자 데이터를 활용하지 않는다고 했지만 실제로는 활용된 사례가 드러났고, 경험, 전문성, 권위, 신뢰성(E-E-A-T) 요소가 검색 순위에 영향을 미친다는 사실도 밝혀졌습니다.

콘텐츠에서 최신성 날짜 표기 같은 것이 실제 영향을 미치고, 콘텐츠의 정확성 역시 대단히 중요하다는 사실도 나왔고요. 이는 같은 콘텐츠라도 좀 더 최신성을 갖게끔 재발행, 다시 재발행하면 검색에 걸릴 확률이 올라간다는 의미죠. 이건 기존에 구글이 표방하던 원칙과 배치되는 것으로, AI 검색에서도 이런 부분이 여전히 중요하게 작용할 거라고 생각할 수 있지요.

근본적으로 SEO와 AIEO의 차이를 짚어봐야 할 것 같은데, 큰 틀에서 보면 최적화라는 관점에서 검색엔진과 답변엔진의 차이가 완전히 대체되고, 전면적인 변화라기보다는 SEO 범위 안에 AIEO라는, 새롭게 대두되는 어떤 하위 카테고리가 생겨난다고 볼 수도 있겠습니다.

조금 더 AIEO에 맞춰서 생각해보면 몇 가지 포인트가 있을 것 같습니다.

우선, 사람들의 질문이 키워드 기반보다 문장 형태로 들어오면 검색 의도가 더 명확히 드러날 수 있습니다. 자연어 처리 기술을 통해서 말이죠. 이에 맞는 최적화된 콘텐츠를 제공하는 것이 대단히 중요합니다.

사람들의 검색 의도는 단순히 정보를 추구하는 것일 수도 있고, 커머셜한 목적을 가졌을 수도 있고, 뭔가 다른 것으로 전환되는 내용을 원하는 것일 수도 있는데, 이에 맞춰서 최적화된 콘텐츠를 생산해야 하는 것이죠. 이는 기존에 키워드 중심으로 접근하면서 제목과 본문에 검색 쿼리(Qeury: 입력어)와 동일한 키워드가 많이 등장하게끔 콘텐츠를 최적화하던 것과는 완전히 다른 방식이라 하겠습니다.

두 번째 포인트는 추천 스니펫 최적화입니다. 스니펫 최적화는 웹사이트 콘텐츠를 최적화해 추천 스니펫에 순위를 매기거나, 검색 엔진 결과 페이지에서 최상위를 차지하도록 하는 프로세스입니다. 여기엔 독자들의 질문에 빠른 답변을 제공하기 위해 주제를 2~3줄로 요약하는 작업이 포함되죠. 구글에서 검색하면 지금도 간단하게 답변형으로 나옵니다. 이런 FAQ 같은 답변이 적합한 형태일 수도 있는데, 어떤 질문에 즉각적으로 핵심적인 답변을 제공해주는 게 중요할 것으로 보입니다. 따라서 콘텐츠 하단에 FAQ를 작성해서 덧붙이는 등 구조화된 데이터 형태로 미리 작성을 많이 해두면 검색 결과에 채택될 확률이 높아질 수 있겠습니다.

세 번째 포인트는 음성 검색이 점점 더 활성화되고 증가할 것이라는 점입니다. 이때 음성 검색은 단순한 키워드 기반에서 벗어날 것입니다. 현재의 검색엔진은 키워드 중심입니다. 검색창에 입력하는 단어나 인스타그램 해시태그 같은 검색 형태가 주로 작동하고 있죠.

앞으로는 이런 것이 음성 검색이나 질문 문장 형태로 변화할 텐데요, 답변 또한 낱개의 키워드에 집중하는 대신, 전체 질문을 타기팅해 콘텐츠 답변을 만들어야 AI 검색에 더욱 잘 노출되는 시대가 올 것입니다.

그리고 멀티모달의 중요성도 놓치지 않아야 합니다. AI 시대를 이미지나 동영상을 사용하는 것이 이미 트렌드로 자리 잡았는데요, 현재 AI 모델 서비스에서도 멀티모달 형태로 이미지를 입력하면 텍스트로 내용을 정리해주고, 반대로 텍스트를 입력하면 이미지를 생성해주는 서비스가 많아졌죠. 이런 기술은 앞으로 더욱 활발하게 발전할 것이므로, 이미지나 동영상 콘텐츠 제작이 더욱 많이 이루어질 것으로 보입니다.

AI 검색 최적화에서는 비즈니스 디렉토리를 활용해 답변의 소스 출처를 보여주는 것도 SEO의 범주와 마찬가지로 중요합니다. 결국 어떤 분야의 카테고리에 차별적인 전문성이 있거나 더 품질 좋은 정보를 제공하게끔 만드는 것이 더욱 중요해질 것으로 보입니다. 사용자는 이런 전문적이고 신뢰를 얻을 수 있는 정보에 끌릴 것입니다. 따라서 특정 AI 검색 서비스 안의 하위 서비스인 페이지나 스파크 페이지로 들어가지 않더라도 AI 검색엔진이 쉽게 인지하고 접근하게끔 누구나 알아챌 만한 정보의 권위, 명성을 쌓아가는 것이 중요합니다. 경쟁이 치열한 카테고리에서 롱테일식으로 명성을 쌓는 노력을 기울이는 것도 도움이 되겠죠.

2026년이 되면 AI 기반 콘텐츠 생성이 너무나 쉬워져 인터넷 세상이 좁아지거나 쓰레기 동산으로 변할 가능성이 제기되고 있습니다. MIT의 연구에서도 고품질 데이터가 고갈될 가능성을 경고하는데, 이는 AI 기반 서비스의 발전에 정체를 초래할 수 있다는 우려를 낳고 있죠. 이미 환각 현상이나 표절 문제도 심각하게 대두하고 있는 상황입니다.

결과적으로 할루시네이션(Hallucination), 딥페이크(Deepfake), 슬롭(Slop) 같은 문제가 앞으로 검색 서비스에서 중요한 이슈로 떠오를 것입니다. 서비스 사업자들은 이런 문제를 잘 정리해야 하는 부담을 안게 될 것이며, 사용자들도 검색 리터러시나 미디어 리터러시 차원에서 이를 잘 이해하고 활용해야 할 필요가 커질 겁니다.

슬롭이라는 말은 원래 먹을 만하지 않은 음식이나 더러운 물을 의미하는 단어였지만, 최근에는 스팸과 결합해 의미 없는 AI 생성 콘텐츠를 지칭하는 용어로 쓰이고 있습니다. 〈가디언〉에서는 이를 '슬롬(SLOP + SPAM = SLOM)'이라고 부르자는 개발자의 제안을 전하기도 했는데요, 이는 검색 서비스 품질 이슈와 밀접한 관련이 있습니다.

지금까지 2025년에 벌어질 검색 전쟁의 흐름을 살펴봤습니다. 이를 바탕으로 보면 AI 기반 시대의 전환은 분명한 방향성을 보입니다. 그리고 검색 서비스는 이때도 여전히 중요한 역할을 할 것 같고요. 여기서 기업과 마케터들은 새로운 비즈니스 기회를 찾기 위해 도전할 테고요. 이것이 2025년의 새로운 흐름으로 만들어낼 것으로 보

입니다. 새로운 시대의 새로운 비즈니스가 본격적으로 시작되는 것
이죠.

# AI 시대,
# 스트리밍과 엔터테크 플랫폼 &
# 콘텐츠의 진화

2024년은 결국 넷플릭스가 명실상부한
스트리밍 서비스의 1인자로 등극했습니다.
하지만 위협은 늘 어디에나 도사리죠.
FAST 서비스의 성장은 넷플릭스의 구독 모델과
어떻게 경쟁을 하게 될까요?
더불어 AI 시대가 도래하며, 방송 분야는
이제 AI와 뗄 수 없는 관계가 되었습니다.
AI의 기술 발전은 이미지와 영상 시장에
큰 타격을 주고 있죠. 이를 활용한
다양한 서비스도 출시되었고요.
2025년의 미디어 스트리밍, 엔터테인먼트
시장은 어떤 기술로 발전하고 확장할지,
그리고 AI가 스트리밍에 어떻게 접목될지
살펴보겠습니다.

HAN JUNG HOON

한정훈 저자의 강의를 직접 들어보세요.

**한정훈** K엔터테크허브(K-Enertech Hub) 대표

엔터테인먼트 테크놀로지(Entertain-ment Technology) 전문 기자다. 현재 이 분야를 중점적으로 연구하며 글로벌 시장에 소식을 전달하는 'K엔터테크허브'를 끌고 있다. 스트리밍, 새로운 뉴스 미디어 포맷, 크리에이터 이코노미, AI, 메타버스 등의 영역에 관심이 많다. 2019년부터 1년간 미국 네바다주립대학교 레이놀즈 스쿨 방문 연구원으로 활동하던 당시, 스트리밍이 커가는 순간을 포착한 책《스트리밍 전쟁》을 펴냈고, 이후 팬데믹 기간에 크리에이터 이코노미의 급부상을 기록한《넥스트 인플루언서》를 출간했다. 테크놀로지와 사람, 엔터테인먼트가 조화롭게 사는 세상을 꿈꾸고 있다.

## 2024년 상반기,
## 미디어와 엔터테인먼트 시장의 변화

2024년 상반기를 살펴보면 우선 미디어, 엔터테인먼트 시장에서 생
성 AI 사용이 일반화되었고, 말로 질문하고 응답하는 대화형 AI의
활용도 늘어났습니다.

　또한 버추얼 프로덕션에 AI가 접목되었지요. 버추얼 프로덕션은
OTT 서비스가 등장하면서 더욱 활성화했는데요, 특히 〈스타워즈〉
시리즈인 〈만달로리안〉 같은 콘텐츠에서 많이 쓰였습니다. 초기에는
비용 문제 등 어려움이 있었죠. 하지만 AI 기술과 만나면서 제작 과
정이 간소화되고 제작 속도도 좀 더 빨라지고, 비용도 크게 절감되었
습니다. 이걸 왜 말씀드리냐 하면 콘텐츠 퀄리티가 향상될수록 시장

에 다양한 관련 상품이 등장하기 때문입니다.

또한 2024년은 넷플릭스가 모든 OTT 시장에서 완승을 한 해이기도 합니다. 넷플릭스는 여전히 잘나가고 있습니다. 국내 사용자도 많이 넓어지고 있고요. 위기라는 말이 들리기도 하지만 실제로 넷플릭스를 취소하는 사람들은 많지 않은 것 같습니다. 넷플릭스의 신규 콘텐츠들이 여전히 많은 인기를 끌고 있거든요.

TV 시장을 좀 더 살펴보면 국내에서도 점차 확대되고 있는 FAST(FREE Ad-Supported Streaming TV), 즉 무료 광고 기반 스트리밍 TV 서비스도 더욱 주목받고 있습니다. 이는 주로 스마트 TV를 통해 시청하는 유튜브 채널과 같은 건데요, 빠르게 그 영역을 넓혀가고 있습니다.

또한 팬데믹 이후 급부상했던 크리에이터 이코노미는 팬데믹이 끝나면서 수익 모델을 찾지 못해 주춤했었는데, 최근 AI와의 만남으로 인해 크리에이터 이코노미가 재부상하는 모습을 보여주고 있습니다. 2025년에는 이런 트렌드가 좀 더 강력해질 것으로 예상합니다.

간략하게 2024년 상반기의 트렌드를 살펴보았는데요, 각각의 내용을 좀 더 구체적으로 체크하면서 향후의 미디어 시장 트렌드를 예측해보겠습니다.

# AI가 미디어와 엔터테인먼트에 미치는 영향

## 1. 방송과 AI의 만남: 대화형 창작 모델의 등장

방송 분야에서는 1년을 정리하는 행사가 있는데, 미국의 전미 방송 쇼인 'NAB 쇼'가 그것입니다. 이 행사에서는 주로 방송 콘텐츠나 방송 기술, 방송 사회의 혁신에 대한 주제로 다양한 전시가 이뤄지는데, 2024년의 'NAB 쇼'에는 전통적인 미디어와 방송, 엔터테인먼트 산업에 이어 AI가 주요 기술 영역으로 추가되었습니다.

2024년의 주제는 'AI의 미래 수용(Embracing the Future of AI)'으로 AI가 콘텐츠 제작과 유통, 수익 창출 과정을 어떻게 변화시키는지에 초점을 두었습니다. 행사 참석자들은 최첨단 기술을 살펴보며 AI, 오디오, 라이브 이벤트, 스트리밍, 가상 프로덕션 및 워크플로의 진화를 경험했다는 평가를 내렸습니다. 특히, AI를 사업 모델로 제시한 기업이 177개나 되었습니다.

AI는 방송, 영상 산업의 엔터테인먼트 테크놀로지 기술 중 가장 많은 영향을 미칠 것으로 예상됩니다.

이번 'NAB 쇼' 개막 세션에서는 휴머노이드 로봇 '아메카(Ameca)'가 연사로 등장해 퓨터리(Futuri) CEO 대니얼 앤스탠디그(Daniel Anstandig)와 함께 키노트 스피치를 했습니다. 세계 최초로 사람과 AI 로봇이 함께 연설을 한 것이죠.

개막 세션은 사람의 말을 바로 이해하고 자연스럽게 대화를 이어갈 수 있는 기술이 만든 무대였어요. 대니얼이 AI에게 두려움을

NAB 쇼 개막 세션에서 대니얼 앤스탠디그와 함께 키노트 연설을 한 AI 휴머노이드 로봇 아메카. 출처: 다이렉트미디어랩

갖는 사람이 많다고 얘기했더니 재치 있게 받아치기도 하고요. 이를 통해 AI 기술이 얼마나 발전했는지 확인할 수 있는 시간이었죠.

이렇듯 2024년은 AI에 익숙해지는 시기였고, 창작 작업에도 AI 가 많이 도입되면서 새로운 창작 주체로서 AI가 부상하는 시기였습니다. 2025에는 이런 현상이 더욱 확산할 것으로 보이며, 방송에서도 AI가 더 많은 역할을 맡게 될 것입니다. 방송 작업 환경에서 생성 AI의 활용은 전반적으로 증가하고 있는 추세입니다. 하지만 주저하는 모습도 함께 나타나고 있죠.

아무래도 현재의 생성 AI가 프리미엄 콘텐츠 분야에서는 아직 퀄리티 면에서 부족한 점이 있기 때문에, 헬스케어나 다른 분야에 비해 엔터테인먼트에서의 AI 적용은 약 5년 후에나 가능할 것으로 보입니다. 이는 AI가 여전히 여러 가지 문제점을 안고 있기 때문입니다.

사람들은 AI의 창작 작업에 많은 관심을 갖고 있죠. 그러면서 AI를 조수처럼 활용할 수 있을 거라고 생각하지만, 현재로서는 고급, 즉 유료 콘텐츠에는 그다지 도움이 되지 않는다는 걸 알 수 있습니다. 그러면 왜 AI를 도입할까요? 이 질문에는 번역이나 자막 등 창작 작업에 드는 불필요한 시간을 줄일 수 있기 때문이라는 답이 가장 많았습니다.

2024년 'NAB 쇼' 당시 실시한 한 조사에 따르면, AI가 자동 번역 및 자막(38%), 동영상 인덱싱을 위한 객체 인식(34%)을 통해 효율성과 생산성을 높일 수 있다는 응답이 가장 많았어요. 콘텐츠 제작(33%), 사진 및 비트레이트 최적화(31%), 향상된 모니터링 및 품질관리(24%)에 도움이 된다는 답변이 뒤를 이었고요. 반면, 응답자의 12%만이 AI를 수익화 기회를 늘리기 위한 도구로 생각한다고 답했습니다.

## 2. AI 비디오 생성 서비스의 순기능

AI 기술의 순기능은 콘텐츠의 작업 과정을 편리하게 만들어 창작에 도움을 주는 것이며, 많은 사람이 이런 변화를 기대하고 있는 상황입니다.

현재 방송에서 사용하는 텍스트 기반 AI는 주로 비디오 생성에 활용되고 있으며, 여기에는 대표적인 네 가지 솔루션이 있습니다. 소라(Sora)는 오픈AI에서 만든 것으로 유명하고, 런웨이(Runway)는 할리우드에서 많이 사용하고 있는데 최근에는 SF 영화뿐만 아니라 일반 영화에서도 널리 적용되고 있습니다. 또한 하이퍼(Haiper)와 피카(Pika) 같은 솔루션도 등장하고 있죠.

텍스트 기반 영상 제작은 퀄리티 컨트롤이 부족해 프롬프트를 형성할 때마다 다른 콘텐츠가 생성되는 문제점이 있었는데, 얼마 전 새롭게 출시된 Gen-3는 이런 부분을 많이 개선한 것으로 알려졌습니다. 런웨이는 프리미엄 콘텐츠에 자신의 기술을 적용하기 위해 열심히 노력 중이고 할리우드하고도 많이 협업하고 있습니다.

텍스트형 비디오 생성 서비스에서 우리가 궁극적으로 관심을 두는 것은 두 가지입니다. 첫째, 영상의 지속 시간은 얼마인가? 현재까지는 최대 1분 정도밖에 나오지 않습니다. 소라가 제공하는 것도 1분까지입니다.

둘째, 해상도는 어느 정도인가? 해상도와 지속 시간은 서로 밀접한 관계가 있으며, 이 둘이 함께 좋아지는 것이 이상적인 솔루션입니다. 여러 서비스가 있지만 현재까지는 소라와 런웨이의 경쟁 구도로 축약할 수 있을 것 같습니다.

그렇다면 생성 AI 동영상 서비스와 스트리밍 서비스가 결합하면 어떤 효과가 나타날까요? 새로운 생태계가 형성되는 모습을 볼 수 있습니다. 우리가 AI를 사용하는 이유는 효율성을 높이고, 이를 통해 수익을 창출해 자신만의 콘텐츠를 제작하기 위함입니다. 드림플레어(DreamFlare) AI는 이러한 목적을 실현한 최초의 글로벌 유료 스트리밍 플랫폼으로, 주로 애니메이션 콘텐츠를 제작합니다.

## Video Generations Models

| Model | Sora | Gen-2 & Gen-1 | Veo | Pika 1.0 | Halper | Stable Video Diffusion (SVD) | Emu Video |
|---|---|---|---|---|---|---|---|
| Develo -per | OpenAI | Runway | Google DeepMind | Pika Labs | Haiper | Stability AI | Meta |
| Date Announ ced | Feb. 2024 | Feb. 2023 | May. 2024 | Apr. 2023 | Mar. 2024 | Nov. 2023 | Nov. 2023 |
| Accessi -bility | Private preview among select artists | Closed source, available via Runway software tools | Private preview among select artists via VideoFX tool with waitlist application for future access | Closed source, available via Discord server and web app | Closed source, available via API, Discord server and web app | Open source | Research only |
| Model Archite -cture | Diffusion transformer (DiT) | Diffusion | Diffusion transformer (DiT) | Diffusion | Diffusion | Diffusion | Diffusion |
| Durat -ion | Up to 60 seconds | 4 seconds | Few seconds | 3 seconds | 3-4 seconds | 2-5 seconds | 4 seconds |
| Extens -ion | Yes | Up to 18 seconds | 60+ seconds | Upto 15 seconds | Not yet available | N/A | N/A |
| Resolut -ion | 1080p | 1080p | 1080p | 720p | 720p | 1024p | 512p |
| Text-to- Video | Yes | Yes | Yes | Yes | Yes | Yes | Yes |
| Image- to-VIdeo | Yes | Yes | Yes | Yes | Yes | Yes | Yes |
| Video- to-VIdeo | Yes | Yes | Yes | Yes | Yes | No | Yes |
| Fine- Tuning | No | Yes | No | No | No | Yes | N/A |
| **Generation Techniques** | | | | | | | |
| Text-to- VIdeo | 텍스트 프롬프트를 입력하고 비디오 출력 받기 | | | | | | |

| | |
|---|---|
| Image-to-Video | 2D 이미지를 입력하고 텍스트 프롬프트와 결합하여 애니메이션화함(이미지에 모션을 추가하여 동영상으로 전환) |
| Video-to-Video | 텍스트 프롬프트, 이미지 또는 제공된 사전 설정으로 조건을 지정하여 비디오를 입력하고 새로운 수정된 비디오를 만듭니다(예: 비디오에 특정 시각적 스타일을 추가하거나 구성을 변경하거나 특정 문자, 객체 또는 환경을 삽입하거나 추가/변경) |

| | Criteria for Evaluating Models |
|---|---|
| Video Quality Specs | 동영상 해상도, 프레임 속도, 화면 비율 및 지속 시간을 포함한 특성 (단일 프롬프트 생성에서 출력되는 동영상의 길이 또는 동영상을 더 긴 길이로 확장할 수 있는 기능) |
| Prompt Adherence | 사용자가 텍스트 프롬프트에서 요청한 언어(사용자가 텍스트 프롬프트에서 요청한 내용)에 대한 모델의 정확성과 특정 지침을 해석하고 면밀히 준수하여 비디오 출력으로 실행시 일관되고 상세한 장면을 생성하는 능력, 더 복잡한 프롬프트는 일부 모델에서 혼동할 수 있음 (예: 순서대로 발생하는 여러 이벤트에 대한 정확한 설명) |
| Realism & 3D/ Temporal Consisten-cy | 특정 유형의 움직임, 빛, 질감, 물체 상태, 3D 공간에서의 행동 및 상호작용, 3D 공간에서의 시간 경과 등 실제 세계의 복잡한 역학을 정확하게 시뮬레이션하고 렌더링할 수 있는 능력, 시간적 일관성(프레임 간의 일관성 있고 부드러운 전환), 3D 공간 일관성(배경 및 전경에 비해 프레임 전반의 현실적인 크기, 모양 및 방향), 연속성(프레임이 가려지거나 프레임을 떠나더라도 물체, 캐릭터 및 환경의 영구성 또는 지속적인 모습)이 필요하며, 시각적 일관성은 프레임 간에 예기치 않게 깜박이거나 점프하거나 변형되는 캐릭터, 물체 또는 장면이 있는 일부 모델의 경우 시각적 일관성이 어려울 수 있음 |
| Edit controls | 사용자가 비디오의 특정 선택된 (마스크) 영역을 애니메이션화하거나 수정하는 마스크 편집 기능(예: 프레임 내 객체 또는 문자를 제거하거나 대체하는 인페인팅, 컨텍스트 관련 콘텐츠로 비디오 프레임을 확장하는 아웃페인팅, 프레임 내 객체 또는 문자에 움직임 추가) 또는 사용자 지정 시드 번호, 업스케일링, 프롬프트 가중치 및 프레임 보간과 같은 고급 설정을 포함하여 비디오 출력을 보다 정확하게 제어할 수 있는 편집 기능 |
| Multimo-dality | 음성 또는 음향 효과를 포함한 사운드가 포함된 동영상을 지원하는 통합 기능 |
| Safety | 출력물에 눈에 보이거나 보이지 않는 워터마크를 추가하거나 모델의 폭력, 성 혐오, 유명인/개인 유사체 또는 IP 묘사 기능을 제한하는 등 콘텐츠 피해를 완화하기 위한 안전장치 |

[표14] 비디오 생성 모델의 종류와 특징. 출처: 버라이어티 인텔리전스 플랫폼

## 3. 생성 AI와 스트리밍 서비스의 결합: 드림플레어 AI

드림플레어 AI가 만든 애니메이션. 출처 : 드림플레어 AI 공식 유튜브

드림플레어 AI는 2024년 8월에 출시된 따끈따끈한 스트리밍 서비스로, 모든 콘텐츠를 AI로 제작한 것이 특징이에요. 게임 요소를 도입해 사용자가 결론을 선택할 수 있게 만들었으며, 사용자 스스로 진행할 수 있는 부분도 포함되어 있죠.

드림플레어 AI를 통해 짧은 동영상뿐만 아니라 프리미엄 동영상도 제작할 수 있어, 이렇게 되면 저작권 문제도 쉽게 해결될 전망입니다. 드림플레어 AI는 단순히 넷플릭스처럼 콘텐츠를 공급하는 것과 달리, AI가 만든 콘텐츠가 밀리지 않도록 고객을 몰입시키는 방식으로 차별화하고 있습니다.

아직까지 애니메이션만 서비스하는 이유는 실사 영상의 경우 빛이 오는 방향에 따라 생기는 음영의 표현이 자연스럽지 않기 때문입니다.

## 4. 스토리보드와 AI 비디오의 결합: LTX 스튜디오 론칭

LTX 스튜디오(LTX Studio)에서는 제작 방식에 대한 간단한 명령어만 입력하면 스토리보드와 고화질 영상이 만들어지는데, 이렇게 생성된 영상을 편집할 수도 있고 일부 컬러만을 바꿀 수도 있습니다. LTX 스튜디오를 통해 프리 프로덕션 단계에서 야외 촬영이나 로케이션 없이도 스토리를 만들 수 있게 된 것이죠. PC 앞에서 모든 것을 구현할 수 있는 AI 비디오 기반 스튜디오가 등장한 것입니다.

LTX 스튜디오는 장편 제작에서 더 높은 수준의 편집과 제어가 가능하도록 설계되었고, 브라우저 기반이라 PC, 태블릿, 스마트폰 등 다양한 기기에서 사용 가능합니다.

명령어를 입력하면 스토리보드와 간단한 영상 작업이 진행됩니다. 마치 AI로 스토리텔링을 만드는 것과 같죠. 제작 현장에 AI 도입 방법을 고민할 때, 앞으로는 이런 기술이 더 현실적으로 가능한 모델이 될 것 같습니다.

LTX 스튜디오에서는 이 기술을 다양한 광고부터 작가의 창작 활동까지 폭넓게 활용할 수 있다고 말하는데, 특히 두 가지 점을 강조합니다. 하나는 상상 속에서만 그리던 장면을 클라이언트의 요구에 맞춰 정확히 스토리보드에 담아낼 수 있다는 점이고, 다른 하나는 시장의 수요에 신속하게 대응할 수 있다는 점입니다.

2023년보다 더욱 발전한 점은 AI가 인간의 터치를 완전히 대체하는 게 아니라, 보완할 수 있는 방향으로 계속 진화하고 있다는 것입니다.

## 5. AI와 뉴스의 미래를 보여주는 'AI IN Newsroom': AI CNN 채널 1

AI를 뉴스룸에 도입하는 과정에서 중요한 질문은, 어떻게 AI를 활용해 기사 작성의 부가가치를 높일 수 있을까 하는 점입니다. 또한 제작 단계에서 AI를 어떤 방식으로 적용할지, 나아가 극단적으로 AI가 뉴스에 어떻게 통합될지를 고민하게 되죠.

뉴스는 신뢰도를 기반으로 하는 비즈니스이기 때문에, 아무리 뛰어난 AI 기술이라도 그 역할과 효과는 제한적일 수밖에 없습니다. 따라서 AI 뉴스는 시장에서 신뢰를 얻기까지 시간이 걸릴 것으로 보입니다.

그러나 이러한 한계에도 불구하고 'CNN 채널 1'이라는 서비스는 주목할 만합니다. 그들은 이것을 'AI CNN'이라고 부르며 모든 콘텐츠를 AI로 제작한다고 이야기하고 있죠. 경제 뉴스와 팩트 뉴스는 주로 AI로 만들고, 이 외에도 AI 더빙이나 현지화 작업에 AI를 제일 많이 적용하고 있습니다.

채널 1 CEO는 인터뷰에서 "FOX나 CNN은 1년에 뉴스룸 운영비로 25억 달러를 쓴다. AI는 이를 줄일 수 있다"고 말하기도 했죠. 그런데 이 인터뷰는 AI가 편집해서 영상을 제공한 것이었습니다. 그

밖에 AI 기술을 접목해 여러 현장에서 기자나 진행자의 클론이나 아바타 형식으로 진행할 수 있게 만들어 현장성을 높이는 식으로도 활용 가능할 것으로 보입니다.

여러 방송사들의 고민은 기자들이 쉴 때도 방송이 계속 나갈 수 있는 시스템을 만드는 것인데, AI 뉴스룸이 이를 대체해줄 것으로 기대하고 있습니다.


## AI가 창작 작업에 미치는 영향

AI가 모든 일을 대신한다는 패러다임은 이제 의미가 퇴색한 것 같습니다. 대신 우리가 직접 할 수 없는 부분이나 창작에 도움을 받을 수 있는 부분에서 AI를 활용하는 것이 더욱 일반화할 것 같습니다.

예를 들어, 우리는 영상 제작에 능숙하지 않으니 텍스트만 입력하고 AI를 사용해 이를 그림으로 변환하자는 식이죠. 웅장한 폭포 같은 요소도 우리가 조수에게 지시하듯이 AI한테 요청할 수 있습니다. 이러한 맥락에서 대화형 AI가 창작 작업에 많이 도입되고 있고요.

이제 AI 아바타 제작 솔루션은 실제로 많은 곳에서 사용하고 있습니다. AI 파크 같은 아바타 제작 솔루션은 너무나 자연스러워서 PT나 다양한 프레젠테이션에서 자주 활용되죠. 실제 방송에서도 많이 쓰이고 있는데, 요즘은 이 기술이 너무나 유명해져서 여러 방송 프로그램에 자주 등장하더군요.

홈쇼핑에서도 AI를 많이 도입해 효율성을 높이고 있죠. 신세계라이브쇼핑의 경우 AI가 20~60분 분량의 홈쇼핑 방송 영상과 멘트를 분석해 베스트 컷 추출부터 영상 비율 변환, 영상 배경 디자인, 자막 삽입 등 전 과정을 자동으로 수행해 실시간으로 편성하고 있어요.

모바일 앱에 AI가 제작한 1분짜리 쇼츠 콘텐츠를 올리면 고객은 바로 영상 시청이 가능합니다. 이런 방식으로 TV에서 본 콘텐츠들이 베스트 쇼츠로 올라오면서 더 큰 인기를 끌고 있는 상황이고요. 이 같은 실시간 편성 방식은 스포츠 분야에도 그대로 적용되고 있습니다.

## 1. AI 음성 기술을 통한 창작의 확장

방송에서 AI의 활용은 효율성을 높이는 것과 직결되어 있으며, 이는 일자리 감소에도 영향을 미칠 수 있는 부분입니다. 2023년과 달라진 점은 틈새시장과 수익 창출에 더욱 적극적으로 나서고 있다는 것입니다.

가장 많이 사용되는 것은 AI 음성 기술입니다. 2025년에는 이 분야가 더 큰 화두가 될 것으로 보입니다. AI 음성 기술은 두 가지로 나뉩니다. 하나는 자신의 목소리를 더빙하는 보이스 미믹이고, 다른 하나는 일반적인 스톡옵션으로 자신의 음성을 판매하는 것입니다. 2023년에는 AI 음성이 아직 자리를 잡지 못했지만, 최근에는 메타버스와 챗봇에서 많이 사용되고 있습니다.

연예인들의 음성을 상업화해서 실제로 그들과 대화를 나누는 경험을 제공하기도 합니다. 또한 고객 상담실에서도 AI 음성을 많이 사용하고 있는데요, 많은 사람이 AI 챗봇과 즐겁게 대화를 나누며, 실제 통화도 AI와 할 수밖에 없는 상황이 벌어지고 있습니다.

방송에서도 AI 음성 기술이 가장 많이 활용되고 있습니다. 현지화, 스포츠, 애니메이션, 다큐멘터리 등 음성 내레이션이나 오디오북 같은 스크립트, 오디오 애플리케이션, 대규모 언어 모델(LLM)로 구동되는 음성 지원 대화형 챗봇 등이 대표적입니다.

검색이 텍스트 기반에서 음성 기반으로 변하고 있고, 결국 대화형 AI에서 커뮤니케이션 수단으로 AI를 도입할 때 첫 번째 관문이 음성이 되는 것이죠. 그러다 보니 서비스도 AI 솔루션 기업이나 검색 기업에서 출시되고 있고요. 대표적인 서비스는 네 가지를 들 수 있을 것 같습니다.

일레븐랩스(ElevenLabs)는 제임스 딘, 버트 레이놀즈, 로런스 올리비에, 주디 갈런드 등 고인이 된 유명 배우 4명의 AI 목소리가 책을 읽어주는 새로운 리더 앱(Iconic Voices)을 출시했습니다. 자신이 소유한 콘텐츠에 원하는 유명인의 음성을 입힐 수 있죠. MZ세대는 주디 갈런드를 잘 모를 수 있지만, 중요한 것은 AI 음성 시장이 열리고 있다는 점입니다.

일반인이나 성우들에게도 이 이야기는 중요합니다. 방송 음성의 저작 인접권 문제인데, 국내에서는 보상이 이루어지는 경우도 있지만, 이는 합의에 의해 받는 것이고 실제로는 저작권을 인정받지는 못하고 있죠. 따라서 저작 인접권이 적용되거나 상품화된다면, 강연으

캐릭터 AI에서 만든 운동 챗봇. 원하는 챗봇 코치에게 운동 계획을 물어볼 수 있다. 출처: 캐릭터 AI 공식 유튜브

로 생계를 이어가는 사람들에게도 새로운 기회가 열릴 것입니다.

캐릭터 AI(Character.ai)는 고객 맞춤형 페르소나를 가진 AI 챗봇을 제공하는 AI 스타트업입니다. 캐릭터 콜(Character Calls)을 통해 사용자들이 실시간으로 AI 봇들과 인터랙티브한 오디오(비디오) 대화를 나눌 수 있게 하는 기능을 선보였죠.

캐릭터 AI는 챗봇에 AI를 접목시켰는데, 이게 단순히 검색을 통해 답이 나오는 것이 아니라, 특정 코치의 성격과 노하우를 AI에게 학습시킨 후, 그 코치의 목소리로 답을 주는 방식이 가능합니다. 사람들은 자신이 원하는 운동 코치의 솔루션을 얻고, 상담을 받을 수도 있습니다.

이런 방식을 통해 챗봇과 AI 음성이 결합하면 새로운 비즈니스 모델이 탄생할 수 있습니다. 결과적으로 사용자가 자신이 좋아하는 사람들, 혹은 접근하기 어려웠던 코치들에게서 조언을 얻으면서 참여도를 높이고 이를 통해 수익이 발생하는 것이죠.

메타도 AI 스튜디오를 공개하면서 'DIY AI 챗봇'을 제작하고 있다고 밝혔습니다. 이 스튜디오를 통해 크리에이터는 인스타그램 다이렉트 메시지(DM)에 자동으로 응답하는 챗봇을 만들 수 있습니다.

2024년 4월에는 유명인 28명의 음성을 학습한 AI 아바타 채팅을 선보였습니다. 해당 연예인들의 동의를 얻어 목소리를 입힌 AI를 만들었는데, 이러한 기능은 특히 크리에이터들 사이에서 큰 인기를 끌 것으로 보입니다. 크리에이터의 목표는 잠을 자고 있을 때조차 돈을 버는 것인데, 자신을 학습한 AI가 있다면 더 많은 활동을 할 수 있을 테니까요. 이런 식으로 B2C, B2B 크리에이터 비즈니스가 이루어질 것으로 예상됩니다.

구글은 캐릭터 AI와 유사한 AI 챗봇 기능을 개발 중입니다. 사용자들이 자신이 원하는 스타일대로 자신만의 AI 챗봇을 만들고 대화할 수 있도록 개발하고 있죠. 챗봇은 실제 연예인이나 유명인을 모델로 하고 있는데요, 구글은 공식적으로 인플루언서들과 협업을 논의하고 있다고 밝혔습니다.

이렇듯 AI 합성 음성은 개인화된 콘텐츠 경험을 제공하면서도 품질이 뛰어나고 제작 속도가 빠르다는 장점이 있습니다. 유명인이나 연예인들은 자신의 초상권(Heir Likeness)을 수익화하면서도 팬들과의 교감이 가능하다는 장점을 갖고 있고요. 앞으로 AI 음성 시장이 더욱 커질 것으로 보이는 이유입니다.

## 2. 제작을 도와주는 AI 기술

창작에 AI 기술을 적용한다면 좀 더 편하게 제작할 수 있겠죠. 제작 단위에서부터 AI를 접목시킨 대표적인 기업이 어도비(Adobe)입니다. 어도비는 〈NAB 2024〉에서 'AI와 함께하는 콘텐츠 제작의 미래'를 발표했습니다.

어도비는 AI를 통해 텍스트 기반 비디오 생성, 장면 확장, 개체 추가/제거 등의 작업을 할 수 있는 기능을 담은 영상 편집 툴 '프리미어 프로'를 공개했죠. 여기에 오픈AI, 피카랩스, 런웨이 등 다양한 비디오 생성 AI를 플러그인 형태로 탑재할 수 있는 기능도 소개했어요.

창작자들은 텍스트로 비디오를 생성하고 영상 자료, 스토리보드 등을 AI 시각화 솔루션을 이용해 제작할 수 있습니다. AI를 통해 배우 의상을 변경하거나 책상 위에 그림이나 꽃 같은 세트 장식을 추가할 수도 있고요.

영상 편집을 하는 분들은 AI가 알아서 편집해주는 것도 필요하지만, 제일 원하는 기능은 실제 영상을 잘못 찍어 왔을 때 장면을 알아서 바꿔주거나, 없는 배경을 만들어주거나, 방 안의 장식을 추가하거나 하는 것들이죠. 이번 프리미어 프로에서는 그런 것들이 모두 가능해졌다고 합니다.

실제 콘텐츠 제작사에서는 해외에 스트리밍 론칭을 할 때 배경 사진이나 그림 같은 것들 때문에 저작권에 걸릴 수 있거든요. 이때는 배경을 바꿔야 하는데, 이럴 경우 유용하고요. 갑자기 PPL이 들어와서 영상에 넣어야 한다거나 할 때도 사용하면 좋습니다. 결국 제작을 도와주는 AI는 창작자들의 수익을 확대하고 제작비를 줄이는 데 도움을 줍니다.

이 외에도 제작에 유용한 AI 비서도 나왔습니다. 애비드(Avid)는 AI 비서 '에이다(Ada)'를 2024년 NBA 쇼에서 공개했습니다. 이건 대화형 창작 모델인데요, AI를 활용해 사용자의 '의도'를 파악하고 일이나 아카이브 영상 등을 추천하는 프로토타입 AI 기술입니다. 예전에는 조수(어시스턴트)라는 직업이 있었는데, 이제는 AI 챗봇을 통해 혼자서도 모든 작업을 할 수 있게 만든 솔루션이죠. 어떻게 보면 AI 창작 모델의 최종 버전이라고 할 수 있습니다.

특히 에이다에서 중요한 것은 사용자의 의도를 학습해 창작자가 평소 좋아하는 스타일을 추천해준다는 점입니다. 이게 광고에도 많이 쓰이는데요, 광고주들이 평소 원하는 프로토타입을 학습해 브랜드별로 원하는 스타일을 만들어낼 수 있다는 게 특징입니다.


## 3. AI 기술을 활용한 광고 창작

방송사들은 AI를 활용해 중소기업 전문 광고 도구를 출시했습니다. 파라마운트는 애드 테크 기업 웨이마크(Waymark)와 협업해 SMB(Small & Medium Business) 전문 광고 툴 '애즈 매니저(Ads Manager)'를 출시했어요. 중소기업이 프리미엄 동영상 및 TV 광고를 이용할 수 있도록 함으로써 새로운 잠재적 TV 광고주를 유치하기 위해 고안

한 것입니다. 애드 테크 기술은 생성 AI 파트너 웨이마크와 스페이스백(SPACEBACK) 등이 제공했고요. 중소기업은 이 툴을 통해 파라마운트+와 FAST 플루토 TV, 케넥티드 TV에 광고를 게재할 수 있습니다.

애즈 매니저 플랫폼은 맞춤화된 캠페인 일정, 예산 및 타기팅 옵션을 제공해 중소기업 광고주의 케이블 TV 진입 장벽을 낮춰준다는 점에서 주목받고 있습니다. 파라마운트의 애즈 매니저를 사용하면 TV 광고를 처음 하는 중소기업도 최소 500달러로 영업일 기준 하루 만에 쉽게 광고를 제작할 수 있다고 합니다.

물론 영상 생성 후 외부의 손길이 약간 필요할 수도 있지만, 방송사들은 광고 제작비가 중요한 게 아니라 송출비만 받으면 되므로, 오히려 이런 애드 테크 기술이 발전하면 더 많은 광고주를 유치할 수 있을 것으로 봅니다.

웨이마크는 기업 웹사이트와 소셜 미디어에서 정보를 가져와 TV 광고를 자동 제작하는 AI 기술(Ready-to-air TV Commercial)을 보유하고 있습니다 AI를 이용해 회사의 크리에이티브 에셋(회사 독점 자산)을 수집하고 맞춤형 광고 및 음성 대본(Voice over Script)을 만듭니다. 이후 사용자들은 이를 편집해 광고를 자체 제작할 수 있고요.

스페이스백은 소셜 미디어 포스트를 TV 광고로 만들어주는 AI 테크 기업입니다. 인스타그램 릴리즈나 틱톡 같은 소셜 미디어 콘텐츠를 별도의 TV 광고로 바꾸지 않고 바로 사용할 수 있게 해주죠. 파라마운트+가 협업하는 두 회사, 곧 웨이마크와 스페이스백은 이러한 혁신적인 기술로 방송사의 광고 제작 방식을 변화시키고 있습니다.

런웨이는 매년 AI 필름 페스티벌을 개최하고 있는데요, 런웨이가 이 영화제를 지속적으로 열어온 이유는 다양한 기술을 접목시키기 위해서입니다. 2023년에는 300개 정도에 불과했지만, 2024년에는 3,000개 넘는 작품이 출품되었다고 해요. 이는 이미 AI가 창작 작업에 상당한 도움을 주고 있는 증거라고 할 수 있습니다.

## AI 제작 기술의 발달과 제기되는 우려 사항

AI 기술의 발전으로 인해 여러 문제가 발생하고 있습니다. 예를 들어, 영화 〈트루 디텍티브〉의 한 장면에 아이돌 포스터가 붙었는데, 이게 걸그룹 아이브가 등장한 거였어요. 문제는 아이브가 이런 포스터를 찍은 적이 없었다는 거죠. 생성 AI가 만들어낸 것이지요. 어도비 프로 같은 프로그램을 사용하면 이런 저작권 논란 이미지를 지울 수도 있지만, 반대로 이미지를 조합해서 만들 수도 있다는 점에서 문제가 됩니다. 해당 영화 제작사는 나중에 공식 사과까지 했습니다. 이는 AI 기술이 가져올 수 있는 문제점 중 하나입니다.

### 1. AI와 저작 인접권

MBC의 〈심야괴담회〉에서도 재연 영상을 만들 때 AI를 활용했는데, 누가 봐도 AI가 만든 것임을 알 수 있었습니다. 처음 다큐멘터리에 재연 장면을 넣을 때도 많은 논란이 있었지만, 이제는 어느 정도

영상 문법으로 인정받고 있는 상황이죠. 하지만 여전히 논란이 되는 부분도 있습니다.

넷플릭스 다큐멘터리 〈What Jennifer Did〉의 경우에도 AI 사용 논란이 일었습니다. 제니퍼라는 인물의 성격을 설명하기 위해 옛날 사진들을 노출했는데, 일부 장면에서 실제 사진이 없어 AI가 만든 것을 사용했죠. 그런데 AI 이미지의 경우 손가락이 6개로 나오는 등의 오류가 있어 사람들이 그걸 대번에 알아차린 것이지요. 따라서 과연 다큐멘터리에 실제 자료가 아닌 것을 삽입해도 되는지에 대한 논란이 일었습니다.

현재 다큐멘터리 제작자들은 해외 로케이션이나 기본적인 배경 샷에 대해 AI를 사용하려는 욕구가 많습니다. 제작비를 절감하면서도 생생한 장면을 전달할 수 있기 때문이죠. 하지만 아직까지는 이에 대한 적응이 부족하며, 앞으로도 논란이 계속될 가능성이 큽니다.

결국 사람들이 요구하는 것은 명확합니다. 특정 프로젝트에서 배우의 연기를 복제하거나 변경하기 위해 AI를 사용하는 경우, 배우와 방송사 모두 사전 동의 및 보상 문제가 가장 큰 쟁점입니다. AI 시대에 사전 동의는 특정 배우의 영상에 모델을 사용할 계획이 있을 경우 반드시 필요합니다.

할리우드에서는 기존 계약서에 특별히 합의된 경우가 없으면, 모든 자료와 결과물 및 수익금은 스테이션이나 스튜디오 소유라는 명시적인 문구가 존재합니다. AI 시대가 되면서 저작권과 저작 인접권에 대한 개념과 권리가 변화하고 있는 만큼 이를 감안한 조치가 필요할 것으로 보입니다.

## 2. AI가 대체할 직업군

얼마 전 넷플릭스의 실적 발표에서 AI 활용 방안에 대한 이야기가
있었습니다. 넷플릭스는 주로 디스커버 스트리밍을 통해 콘텐츠를
추천하는 데 AI를 많이 사용하죠. 이에 따라 AI가 일자리를 줄일 것
인지 여부에 대한 질문이 많았습니다. 넷플릭스 CEO 테드 서랜도스
는 과거 필름 시대에서 비디오 필름 시대로 넘어갈 때 오히려 일자리
가 늘었다고 언급했습니다.

현재 AI가 가장 큰 영향을 미치는 분야는 포스트 프로덕션과 프
리 프로덕션입니다. 하지만 이제 본격적으로 프로덕션 영역에서도
AI의 영향력이 커지고 있습니다. 그렇다 보니 애니메이터, VFX 아티
스트, 게임 개발자, 성우, 콘셉트 또는 스토리보드 아티스트가 AI에
가장 큰 영향을 받을 것으로 보입니다. 현재 CEO 레벨의 고위 경영
진들은 AI를 적극 도입하고 싶어 하지만, 이런 상황으로 인해 일선
작업 현장에서는 AI에 대한 거부감이 존재하는 실정이죠.

이렇게 혼재된 상황에서 모두가 어느 정도 AI와 싸워야 한다는
당위성을 인정하고 있습니다. 층위별로 서로 다른 입장에서 AI와 싸
움을 벌이는 현상이 나타나고 있는 거죠.

오픈AI는 텍스트만 입력하면 영상이 만들어지는 영상 제작 AI
모델 '소라'를 발표했는데요, 소라는 시각 데이터의 범용 모델로 최대
1분 분량의 고화질 동영상까지 생성할 수 있습니다. 여기엔 다양한

길이, 화면 비율 및 해상도의 동영상과 이미지도 포함됩니다. 미국의 테크 매체 〈와이어드〉는 픽사가 괴물 털의 움직임과 질감을 표현하기 위해 수많은 애니메이터를 고용해 여러 달 동안 작업해야 했다면, AI는 같은 작업을 눈깜짝할 사이에 처리할 수 있다고 말합니다. 관련 작업자들이 직업을 잃게 만드는 신호탄이 될 수도 있는 것이죠.

소라가 가져온 문제점은 이뿐만이 아닙니다. 현실감 넘치는 이미지는 사람들에게 무엇이 사실이고 무엇이 허위인지 혼란을 초래할 수 있지요. 이런 위험성 때문에 아직까지는 일반인에게 오픈되지 않은 상태입니다.

할리우드에서는 여전히 소라 사용을 주저하고 있는 상황입니다. 크게 세 가지 우려 사항 때문에 주저하고 있는데, 자세히 살펴보면 다음과 같습니다.

첫 번째는 연속성입니다. 소라가 약속한 기술 개선은 아직 영화나 TV 프로그램의 일관된 내러티브나 룩을 보장할 만큼 주제/대상/환경의 연속성을 완전히 담보하지 못합니다. 소라도 다른 이미지 및 비디오 모델에서 나타나는 '물리 실패(Physics Fails)'로 인해 실제 세계 모습이나 행동을 가끔 잘못 해석하는 경우가 있습니다.

두 번째는 제어 가능성입니다. 일부에서는 비디오 생성 AI 툴을 카메라에 비유하기도 하지만, 그것보다는 동영상을 물리적으로 녹화하는 게 아니라 렌더링하는 방식입니다. 그 때문에 소라는 영화 제작자에게 충분한 창의적 통제력과 결과물을 제공하고 조작할 수 있는 정밀성을 담보하지 못합니다. 이는 단기적으로 AI가 기존 방식보다 더 어렵고 제약이 많을 수 있다는 걸 의미합니다. 소프트웨어에 새로운 제어 매개변수가 추가되면서 조금씩 변화하고 있지만, 그렇다고 해서 AI 비디오가 카메라 영상에 비해 자동적으로 크게 향상되는 것은 아닙니다.

마지막으로, 저작권 문제입니다. 할리우드 스튜디오들은 생성 AI가 만든 콘텐츠가 저작권을 침해하지 않는다는 걸 100% 확인해야 작업에 활용할 것으로 보입니다. AI 지원 저작물이 저작권 보호를 받을 수 있는지 여부도 아직 해결되지 않았고, 소라가 저작권 있는 자료를 학습했을 가능성도 배제할 수 없어 사용을 주저하고 있는 것이죠.

## 3. AI 버추얼 프로덕션의 성장

할리우드 영화를 보면 실제로는 세트장 안에서 연기를 하고, 이것에 영상을 입혀 멋진 장면으로 만드는 경우가 많죠. 이런 장면을 제작하는 곳이 버추얼 프로덕션 스튜디오인데, 제작비가 만만치 않은 게 사실입니다.

AI 등 기술의 발전으로 버추얼 프로덕션 볼륨의 평균 크기는 점점 작아지고 있어요. 2021년부터 2023년까지 29%가량 감소한 것으로 추정되죠. 반면, 생성 AI 버추얼 프로덕션을 통해 할리우드의 대형 현장뿐만 아니라 애니메이션, 다큐멘터리, 광고, 교육, 기업 등 중소 콘텐츠 제작 사이트에서도 버추얼 프로덕션을 사용할 수 있게 되었습니다.

보통 가상 프로덕션 촬영은 실시간으로 이루어집니다. 하지만

3D 환경을 만드는 데 몇 주 이상 걸리고, 이로 인해 실시간 시장에 대응해야 하는 중소 드라마, 광고, 기업 홍보 영상 제작에는 도입이 더뎠지요. 하지만 현재는 생성AI, NeRF(Neural Radiance Fields), 3D 머신 러닝 기반 렌더링(3D Gaussian Splatting) 마커리스 트래킹(Markerless Tracking), 하이브리드 2.5 워크플로(Hybrid 2.5 Workflows) 같은 새로운 기술의 발전으로 콘텐츠 제작 속도가 기하급수적으로 빨라지고 진입 장벽 또한 낮아진 상태입니다.

국내에도 버추얼 프로덕션 기술을 가진 스타트업 서비스가 있는데요, 비블 AI(Beeble AI)는 AI를 사용해 소규모 영화 제작자와 크리에이터를 위한 가상 조명을 제공하는 PC 및 모바일 앱을 개발했습니다. 영화 제작자와 시각 효과 아티스트를 위한 가상 조명 솔루션이죠. 창업자들은 조명(Lighting)에 특화된 AI 스타트업이 하나도 없다는데 착안해 회사를 시작했다고 합니다.

메인 제품은 '스위치라이트 스튜디오(SwitchLight Studio)'라고 불리는 PC 앱인데, 가상 환경 안에서 조명과 구도(Composition)를 마음대로 조정할 수 있는 것이 특징입니다. 비블 AI는 LED 월(Wall)을 사용해 가상 환경을 현실 세계로 가져오는 개념과 달리, 실제 배우를 가상 세계(Virtual World)로 배치합니다. 휴대전화와 카메라만 있으면 사용자들은 가상 환경 내에서 무한하게 위치, 조명, 카메라 옵션을 조절할 수 있지요.

현재 비블 AI는 가상 배경 등 버추얼 프로덕션의 모든 것을 제공하는 플랫폼으로 진화하고 있습니다. 이 기업은 최근 475만 달러(약

66억 원)를 투자받았고, 기업 가치는 2,500만 달러(약 334억 원)에 달합니다.

미국의 생성 AI 버추얼 프로덕션 '큐브릭(Cuebric)'은 이미지 생성 AI '테이블 디퓨전'을 이용해, 프롬프트로 동영상 배경을 만들어주는 툴입니다. LED 비디오 월과 위치 추적 카메라 등이 설치된 XR 스튜디오에서 구동해 다양한 배경 이미지를 손쉽게 만들어내죠.

큐브릭은 LED 비디오 월에 구현되는 배경 화면을 언리얼 엔진(Unreal Engine)이 아닌 이미지 생성 AI 도구, 즉 스테이블 디퓨전을 이용해 제작합니다. '강물이 흐르는 산' 등의 정교한 프롬프트를 입력해 이미지를 생성해내는 것이죠.

큐브릭은 실제 영화에서도 제일 많이 쓰이는 AI 서비스이고, 개인용과 기업용 서비스가 있습니다.

## 4. AI와 만난 스포츠 중계

최근 스포츠 중계 분야에서도 AI의 접목이 활발히 이루어지고 있어요. 예를 들어, 국내 업체인 픽셀스코프는 미국에서 탁구 리그를 AI로 중계했습니다. 이들은 카메라에 사람 추적 AI를 장착해, 실제 카메라맨 없이도 사람을 따라다니며 촬영했죠. 이를 통해 AI 기반 무인 중계를 가능하게 만든 겁니다. 그 결과, 무인 중계 시스템이 점점 더 많이 도입되고 있는 상황이고요.

2024년 파리 올림픽에서는 구글이 AI 스폰서로 참여했는데, 경기가 끝난 후 AI가 즉시 하이라이트 영상을 생성해줬죠. 경기 종료

후 1~2분 내에 약 10개에서 20개의 하이라이트 영상이 나왔죠. 영상이 많으니 광고 매출을 크게 확대하는 기회도 있었고요. 이처럼 스포츠 분야에 AI 기술이 가장 빠르게 적용되고 있습니다.

피콕에서는 파리 올림픽 때 AI를 이용, NBC 유니버설의 종합적인 보도를 보완하는 최초의 개인 맞춤형 경험, 즉 '피콕의 일일 올림픽 요약(Your Daily Olympic Recap on Peacock)'을 방송했습니다. 현재 미국에서 가장 인기 있는 앨 마이크스라는 스포츠 앵커의 목소리로 말입니다. 예전이라면 이런 서비스를 위해 실제로 마이크스에게 많은 비용을 지불해야 했겠지만, 이제는 AI 학습 덕분에 그런 비용 부담이 사라졌습니다.

아마존 프라임에서도 미식축구 경기가 끝나면 2분 만에 AI로 하이라이트 13개를 제공하고 있고요. 우리나라에서도 AI BTV에서 경기 생중계 후 AI 골프를 통해 선수별로 하이라이트 장면을 시청할 수 있지요.

예전엔 지하철 안내 방송을 실제 성우들이 직접 녹음했는데, 이제는 AI가 성우들의 목소리를 학습해 재생하고 있죠. 영문 안내 방송은 EBS에서 활동하는 제니퍼 클라이드라는 분의 목소리인데, 이것 역시 클라이드가 자신의 음성을 AI 업체에 넘겨 AI가 학습하도록 해서 더빙한 것입니다.

## FAST TV에 녹아든 AI 창작 콘텐츠

아마 FAST라는 개념은 들어보셨을 겁니다. 앞서 설명했듯 무료 광고 기반 TV 서비스죠. 여기서 중요한 것은 효율성과 제작비 절감입니다. TCL이라는 TV 제조사는 자체 스튜디오를 보유하고 있으며, 최근 AI가 만든 단편영화들을 자체 FAST TV 플랫폼 TCLtvplus에 론칭 했습니다. 스트리밍 서비스에 AI 애니메이션을 편성하는 것과 같은 개념이죠.

영화는 SF 단편 인데요, 실사형 콘텐츠는 아직 거리감이 있기 때문입니다. 영화를 보면 꽤 잘 만들었다는 생각이 들 거예요. 아직은 완전히 AI만으로는 완성도가 떨어지고, 추가 편집 과정을 거쳤습니다. 영화 배경과 스토리는 외계에서 지능 높은 생명체가 떨어져 벌어지는 일들로 구성되었는데, AI가 디자인한 로켓도 등장합니다.

그렇다면 왜 이런 영화를 만들었을까요? TCL도 이 기술이 완전한 대체재가 될 것이라고 보지는 않습니다. 그러나 AI가 만든 단편영화는 화제성이 있고, 이를 통해 고객이 유입되죠. 이 콘텐츠를 보고 나서 다른 프로그램도 시청하게 되므로 일반적인 프로모션 트레일러보다 훨씬 효과적입니다.

아직까지는 얼굴이 계속 바뀌기 때문에 클로즈업 장면은 잘 나오지 않아요. 생성할 때마다 얼굴이 조금씩 달라지기 때문입니다. 주로 뒷모습만 보여주는데, 이 정도면 약 4분 정도는 참고 볼 수 있지 않을까요?

TCL 스튜디오에서 만든 AI 단편영화. 출처: TCLtvplus 유튜브 채널

## AI와 스트리밍 시장의 요구

지금 스트리밍 서비스 경쟁은 검색 시간을 줄이는 데 집중하고 있습니다. 사람들이 10분가량 콘텐츠를 찾다가 원하는 걸 발견하지 못하면 다른 플랫폼으로 이동해버리거든요. 그래서 이 검색 시간을 단축시키는 기술을 가장 많이 쓰고, 사용자에게 맞춤형 콘텐츠를 제공해 매일 새로운 것들을 노출시켜주는 AI 기술을 많이 활용하지요.

최근에 등장한 '파인튜닝(Fine-tuning)'은 AI에서 비롯된 최신 개념인데, 자신들에게 맞는 콘텐츠를 만들도록 하는 기술을 말합니다. 사람들이 가장 두려워하는 것은 AI를 사용하다 보면 결국 똑같은

글이나 콘텐츠가 나오는 것 아닐까 하는 점이죠.

그래서 파인튜닝은 영화나 TV 분야에서 먼저 적용하고 있습니다. 그리고 비용이 많이 들기 때문에 GPT 같은 모델을 통해 개인화된 추천 시스템을 구축하는 중입니다. 결국 옛날 콘텐츠를 학습해서 KBS, MBC 혹은 JTBC 같은 각 방송사에 맞는 영상을 추천해줄 수 있느냐가 관건이죠. 방송사에서는 이런 것들을 가장 많이 바라거든요. 그래서 이런 파인튜닝 개념은 앞으로 더 중요해질 겁니다.

국내에서도 파인튜닝에 많은 관심을 기울여 맞춤형 AI 기술이 발전하고 있습니다. 시청자를 지배하는 기술은 처음에는 TV, 케이블, 스트리밍, 소셜 미디어 순으로 계속 변화해왔죠. 이는 모두 테크놀로지의 발달에 따라 이뤄져왔고, 앞으로도 각각의 기술을 접목해가며 계속 변화할 것 같습니다.


## FAST TV의 변화와 전망

최근 우리나라에서는 삼성 TV 플러스가 '삼티플'이라는 약칭으로 불리며, 100개 이상의 채널을 제공하고 있습니다. LG도 비슷한 서비스를 운영 중이고, 다른 업체들 역시 FAST 서비스를 도입하고 있죠.

이제 FAST TV가 전 세계적 현상으로 자리 잡고 있는데요, 그 이유는 주요 방송사들이 2023년부터 대거 참여했기 때문입니다. 미국에서도 워너 브라더스와 디즈니가 FAST TV를 운영 중이고요.

FAST는 광고 기반 스트리밍 TV로, 모든 콘텐츠를 TV로 시청할 수 있다는 것이 특징입니다. 현재 스마트 TV에서는 유튜브를 보듯이 실시간 TV와 FAST TV도 시청할 수 있는데, 이 세 가지 차이점을 이해하는 게 중요합니다.

실시간 TV는 방송사가 편성권을 온전히 소유한 채로 진행하며, 유튜브는 오디언스가 자신이 원하는 콘텐츠를 보는 편성권을 가집니다. 반면, FAST TV는 그 중간에 위치해 있습니다. FAST의 편성권은 고정되지 않고 고객의 반응에 따라 매일 바뀌며, 채널 패널도 자주 교체됩니다.

FAST는 반자동적이고 알고리즘에 덜 지배받는 플랫폼으로 인식되고 있으며, 이러한 특성 때문에 유튜브적인 성격을 가지면서도 TV와 같은 편성 개념을 유지합니다. 이는 유튜브와 큰 차이점이죠.

그렇다면 FAST TV가 얼마나 확산되어 있는지 살펴볼까요? 미국은 파리 올림픽에 참가한 미국 대표팀의 경기를 중계하는 FAST 채널 'Team USA TV'를 오픈했어요. 미국 대표팀 선발 경기와 운동 장면, 지난 올림픽 경기 하이라이트 등을 방송했죠. 올림픽에 대한 시청자들의 흥미를 끌기 위해 경기장 밖 장면이나 미국 대표팀 숙소의 비하인드도 채널에 담았습니다. 이런 영상은 미국 대표팀과 팬들하고의 인게이지먼트를 높일 수 있죠.

예전 같았으면 유튜브 채널을 개설했을 겁니다. 하지만 유튜브는 알고리즘 때문에 검색을 해야 노출된다는 단점이 있죠. 그런데 FAST는 일반 TV처럼 채널을 돌리다 그냥 발견되는 경우가 많거든요. 그냥 TV에서 이렇게 저렇게 채널을 돌리다가 보게 되는 것이죠. 스포츠를 좋아하는 사람이 관련 채널을 서핑하다 발견하는 식입니다. 이렇게 콘텐츠가 FAST TV로 들어오는 것이 트렌드입니다.

우리나라의 경우 한 자료에 따르면, FAST 시장이 매년 평균 25% 정도 성장할 것으로 예측되고, 2029년에는 1억 6,100만 달러(약 2,183억 원)의 시장이 형성될 것으로 보입니다. 하지만 이는 방송 광고 시장을 기준으로 작성한 다소 보수적인 수치입니다.

디지털 TV 리서치는 2028년 한국 FAST 시장을 8억 7,600만 달러(약 1조 1,820억 원)로 성장할 것으로 내다보았고, 같은 시기 미국 FAST 시장은 98억 달러까지 커질 것으로 예상했죠.

채널 개수도 한 해가 다르게 확장되고 있는데, 2024년 6월 미국의 FAST 채널은 1,948개로 2023년에 비해 189개가 늘어났습니다. 이는 2020년 6월 516개에서 4년 만에 1,432개나 늘어난 수치입니다.

그렇다면 FAST 채널의 시청자는 누구일까요? 무료 광고 지원 스트리밍 TV와 주문형 광고 서비스를 운영하는 수모(Xumo)의 '2024년 FAST 리포트'는 FAST 시청자 중 58%가 18~44세라고 발표했습니다. 일반적인 TV 시청자보다 젊은 층이 많다는 얘깁니다. 같은 조사에서는 시청자의 남녀 비율이 50 대 50으로 나왔습니다.

젊은 시청자의 비율이 높은 이유는 FAST를 보는 것이 유튜브를 TV로 보는 것과 크게 다르지 않기 때문으로 보입니다. 케이블 TV에 가입하지 않고도 시청할 수 있어 편리한 것이죠. 그렇다면 유료 방송을 보는 사람들도 FAST TV를 시청할까요?

매우 흥미로운 점은 유료 TV 가입자의 절반 가까이가 적어도 한 가지 이상의 FAST 서비스를 정기적으로 시청한다고 답했는데, 코드커터(Cord-cutter)의 경우 비슷한 비율로 시청하는 반면, 코드버스터(Cord-buster)는 그 비율이 현저히 낮았다는 점입니다.

이 조사 결과에서 우리는 TV 시청자가 FAST에서 가치를 발견하고 있으며, 때로는 TV를 시청하는 대신 이를 선택하기도 한다는 것을 알 수 있습니다. 따라서 광고주라면 FAST에 대한 가치 인식을 바꿔야 합니다. TV 네트워크에 비해 FAST TV가 시청자에게 도달하는 비용이 더 저렴하기 때문입니다.

FAST가 주력하는 콘텐츠는 팬덤 콘텐츠입니다. 유튜브하고의 공통점은 핵심 고객층에게 집중한다는 점이고요. 사용자들이 좋아하는 콘텐츠가 모여 있으며, 계절별 편성도 가능합니다. 예를 들어, 여름 시즌에는 여행 관련 콘텐츠를 집중적으로 편성하는 식이죠. 이는 기존의 편성 개념이 없기 때문에 가능한 일입니다. 채널을 확장하거나 축소하는 것도 자유롭습니다.

'투비'라는 FAST에서는 'K-드라마 플러스'라는 한국관도 열었죠. 주로 CJ에서 만든 한국 드라마와 영화를 다양하게 제공하는 이 채널은 K-팝 팬이나 K-콘텐츠 팬을 집중적으로 타기팅합니다. 이런 식의 채널이 FAST 시장에서 글로벌하게 생존 가능한 대응책입니다.

## 스트리밍 전쟁 최후의 승자, 넷플릭스

지난 몇 년간 여러 스트리밍 서비스가 나와 합종연횡을 벌였는데요, 2024년 현재 최후 승자는 넷플릭스로 귀결되었습니다. 넷플릭스는 2020년 오리지널 시리즈를 통해 최고의 강자 자리에 올랐다가 다른 스트리밍 서비스의 등장으로 점유율이 조금 줄어들었죠. 하지만 2023년을 넘어가면서 경쟁사들이 더 이상 버티지 못하는 시점이 도래했고, 이 돈의 전쟁에서 결국 살아남은 것은 넷플릭스였습니다.

넷플릭스는 계속해서 오리지널 콘텐츠를 늘려갔죠. 2024년 2분기에는 거의 800만 명의 구독자가 증가해 총 2억 8,000만 명에 이르렀습니다. 반면 파라마운트 같은 회사들은 구독자 수가 줄어들어 합병을 통해 생존을 모색하고 있는 상황입니다.

신문에서는 뉴욕 타임스, 방송 스트리밍에서는 넷플릭스가 확실한 1위 자리를 굳혔고, 경쟁자들은 번들링이나 M&A를 통해 생존을 도모하며 FAST와 AI로 이동하고 있습니다.

2024년 6월 닐슨에서 나온 통합 시청률을 보면, 스트리밍이 전체 TV 사용 시간의 40.3%로 급증해 최고 점유율을 차지했습니다. 여기서 스트리밍 서비스의 구성을 보면 유튜브(9.9%)와 넷플릭스(8.4%)가 주도하고 있다는 걸 알 수 있습니다. 결국 넷플릭스는 시장 주도 사업자로서 지위를 굳혔다고 볼 수 있죠. 다른 스트리밍 서비스들은 넷플릭스의 방향을 따라갈 수밖에 없는 상황이 되었고요.

넷플릭스가 1위를 차지한 가운데 살아남은 서비스가 있습니다.

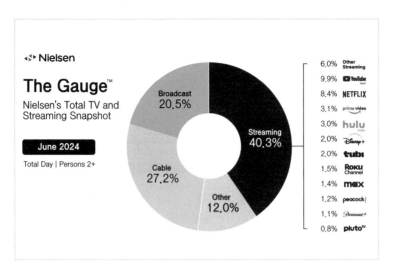

[표15] 2024년 TV & 스트리밍 점유율. 출처: 닐슨

크런치롤(Crunchyroll)이라는 서비스인데, 소니에서 오픈한 전문 애니메이션 스트리밍 서비스예요. 현재 글로벌 구독자 1,300만 명을 돌파했습니다. 애니메이션 시장은 2030년까지 600억 달러까지 성장할 것으로 예상되고요. 북미 지역 크런치롤은 서남아시아, 인도 등에서 아마존 프라임(Amazon Prime)을 통해 확장하고 있습니다.

우리나라의 라프텔(Laftel) 역시 흑자를 기록하고 있습니다. 라프텔의 2023년 매출은 297억 원으로 전년도 42억 원에서 대폭 증가했습니다. 당기순익도 동기간 4억 9,000만 원에서 24억원으로 늘었고요.

스트리밍의 글로벌 트렌드는 넷플릭스처럼 규모를 키우지 못하면 서로 합치거나 다양한 스타일의 버티컬 스트리밍 서비스를 통해 살아남는 방법이 있는 것 같아요.

마지막으로, 2024년 미디어 시장을 지배했던 요소와 2025년 전망을 간단히 말씀드리겠습니다. 무엇보다 테크놀로지가 미디어를 변화시키고 있으며, 이러한 변화는 수익성을 키우는 방향으로 이루어지고 있지요.

지난 2022년에 등장한 챗GPT를 보는 미디어의 시선은 AI 기술에 대한 두려움과 긍정적인 측면이 반반 섞여 있었습니다. 하지만 결국 미디어 시장은 AI를 적극 활용하는 방향으로 나아가고 있죠. 각 섹터별로 AI를 어떻게 활용할지에 대한 고민과 함께, B2B 영역에서는 많은 접목이 이루어지고 있고요.

또한 FAST 시장은 빠르게 성장하는 가운데 AI도 가장 빠르게 도입하고 있습니다. 2025년에도 이러한 트렌드는 이어질 것으로 보이며, AI와 미디어, 특히 FAST와의 만남이 계속될 것 같습니다.

결국 시청자들의 몰입도를 잡기 위한 싸움이 될 텐데, 2025년에는 넷플릭스, FAST, 유튜브 이 세 가지 플랫폼 간의 시장 쟁탈전이 AI 및 기술 진보와 맞물리면서 더욱 치열해질 것으로 전망됩니다.

DIGITAL MEDIA INSIGHT
2025

# 인구구조의 변화에 따른
# 미디어 소비의 변화

우리 사회는 지금 매우 빠르게 변화하고
있습니다. 인구 변동과 사회적 변화가 맞물리면서,
미디어 환경과 미디어 소비 방식도 급격히
바뀌고 있습니다. 처음 만나는 상황에 대응하기
위해 마케터들은 어떤 점을 중요하게 바라봐야
하며, 무엇을 준비해야 할지 논의해보고자 합니다.
처음 경험해보는 인구감소와 그에 따른
인구구조 변화는 어떤 특징이 있으며, 이러한
변화가 미치는 영향을 먼저 살펴보고,
이와 더불어 최근 급격히 발전하고 있는 매체와
이를 소비하는 환경의 변화 속에서 우리는
어떤 관점으로 변화를 감지하고 대응할 것인지에
대해 포괄적으로 이야기해보겠습니다.

HWANG SUNG YON

황성연 저자의 강의를 직접 들어보세요.

**황성연** 닐슨미디어코리아 부장

시청 지표 조사 회사 닐슨미디어코리아에서 TV-PC-모바일의 이용 행태를 측정하고 비교하는 작업을 주로 하고 있다. 이를 통해 통합 콘텐츠 이용 지표와 통합 광고 효과 산정 체계를 구축하고 합리적인 미디어 전략을 구축하는 프로젝트를 수행하기도 한다. 중앙대학교 신문방송학과에서 학사·석사·박사를 수료했다. 주요 연구 분야는 수용자, 특히 미디어 수용자의 미디어 이용 행태를 분석하는 것이다.

2023년에 저는 〈뉴욕타임스〉에 실린 한 칼럼니스트의 글을 읽고 큰 충격을 받았습니다. 칼럼의 제목은 다소 도발적이었습니다. '한국은 소멸하는가? (Is Korea disappeared?)'라는 제목이었죠. 내용은 매우 간결했습니다. 2022년 우리나라 합계출산율 0.78의 의미는 한 세대 100명의 남녀가 만나면 다음 세대는 78명이 된다는 것이었습니다. 이러한 감소는 중세 흑사병보다 더 심각한 수준의 인구 감소를 가져올 것이라는 내용입니다.

그런데 내용을 조금 더 생각해 보면, 합계 출산율 0.78은 100쌍의 부부가 78명의 아이를 낳는다는 것이고, 출산율이 동일하다면, 그다음 세대에는 30명 정도로 줄어든다는 의미입니다. 200명이 다음 세대에는 78명, 그다음 세대에는 30명이 되는 것입니다. 그런데 문제는 2023년 합계 출산율은 0.72로 떨어졌습니다. 이런 상황이라면 우리나라는 칼럼의 제목처럼 정말 소멸할지도 모르겠습니다.

우리가 저출산을 문제로 인지하기 시작한 2005년부터 지금까지 정부 주도로 많은 정책과 방안이 제시되었지만, 상황은 호전되지 않았습니다. 그동안 우리는 남의 일처럼 저출산과 인구구조 변화를 인식했지만, 이제 이런 변화를 인식하고 대응해야 하는 상황에 이르렀습니다.

## 인구 변화와 마케팅 전략의 제고

우리는 전혀 체감하지 못하고 있지만, 외국 칼럼니스트조차 걱정할 정도로 심각한 상황입니다. 그렇다면 우리는 얼마나 이 문제에 대해 걱정하고 있으며, 어떤 대책을 마련하고 있는지 진지하게 고민해봐야 할 때입니다.

현재 출산율은 정부의 온갖 노력에도 불구하고 분기별, 연도별로 꾸준히 하락하고 있으며, 2023년 4분기에는 0.65명으로 잠정 집계되었습니다. 많은 전문가들은 출산율이 0.6까지 떨어질 가능성이 높다고 예측합니다.

아이 없는 나라, 인구가 줄어드는 나라, 그리고 노인들로 가득 찬 나라가 되었을 때 우리는 무엇을 생각해야 할까요? 무엇보다도 어떻게 해야 지속 가능한 성장을 이룰 수 있을지 고민하는 것이 가장 먼저이겠지요. 하지만 이 문제를 처음 생각해보거나, '그게 정말 우리에게 닥칠까?'라는 의문을 갖는 분도 있을 겁니다. 하지만 그 같은 상황은 이미 우리 앞에 다가와 있죠.

지금까지 우리는 인구 정책을 세울 때 오로지 인구가 늘어나는 것만을 주목해왔습니다. 1970년대에는 "너무 많다. 그만 낳아라"라는 말이 넘쳐났죠. 당시에는 매우 흥미로운 포스터가 많이 있었습니다. "둘만 낳아 잘 기르자" "하나도 많다" "4,000만이 하나씩만 낳아도 삼천리가 빼곡하다" 등 메시지를 보면 인구 억제를 위해 다양한 캠페인을 했다는 걸 알 수 있죠.

그러다가 2000년대에 들어서면서 인구가 조금씩 줄어들기 시작했고, 이에 대한 대책을 고민하는 동안 지금의 위기에 이르렀습니다. 저출산고령사회위원회는 2006년 처음 설립되어 지금까지 여러 정책을 시행해왔는데, 실제로 눈에 띄거나 피부로 느낄 정도의 효과가 있지는 않았죠. 이 부분에 대해서는 지난번 책에서도 말씀드렸습니다.

정책적 대응이 효과를 발휘하지 못한다면, 이제 기업의 대응 전략이 매우 중요한 시점에 이르렀다고 봅니다. 인구 이슈는 우리 기업이 해결할 수 없는 문제라고 생각했다면, 이제부터는 기업의 사고방식을 바꾸고 무엇을 어떻게 해야 할지, 그리고 어떤 방향으로 나아가야 할지 깊이 있게 고민해야 할 때입니다.

예를 들어 보겠습니다. TV 시청지표를 조사할 때, 2년 전 인구조사 결과를 기반으로 모집단을 설계합니다. 그런데 2024년 모집단을 살펴봤더니 특이한 현상이 일어났습니다. 가구 수는 32만 가구 증가했는데, 4세 이상 인구는 약 7만 명 줄어든 것이죠. TV 시청지표 산

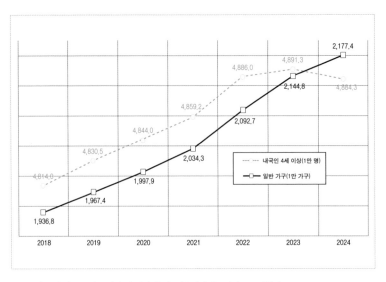

[표16] 연도별 전국 조사 모집단의 변화. 출처: 닐슨미디어코리아, TV 시청자 표

출의 모집단인 4세 이상 인구가 7만 명이나 감소한 것입니다. 인구는 줄어드는데 가구는 늘어나는 상황은 [표16]에서 보는 것처럼 처음 일어난 현상입니다. 이전에도 가구 증가가 개인보다 급격하게 늘어나고 있었지만, 모집단이 줄어든 것은 시청지표 조사 이래 처음 있는 현상입니다.

인구는 늘어나지 않는데, 가구가 증가하는 상황을 면밀히 살피지 않으면 시청지표를 해석하는데, 상당한 주의가 필요합니다. 요즘 많이 듣는 말 중 하나가 사람들이 TV를 보지 않는다는 거예요. 즉, 가구의 TV 시청률이 지속적으로 하락하고 있다고 합니다. 과거에는 30% 이상의 시청률을 기록한 드라마도 많았는데, 요즘은 5%만 넘겨도 성공적이라고 평가합니다. 하지만 이러한 평가는 앞서 살펴본 인구구조의 변화를 이해하지 못해 현상을 정확히 이해하지 못하는 것입니다.

정말 TV 시청률은 급격히 감소하고 있는 것일까요? 가구 시청률은 가구 단위로 TV 시청을 측정하는 것인데, 가구원이 줄어들고 가구 수가 늘어난 상황에서 가구 단위의 TV 시청은 당연히 줄어들 수밖에 없습니다. 가구원이 많으면 누구라도 TV를 켜서 보게 되고 이것이 시청률에 포함되었는데, 한두 명이 지내는 상황에서, 특히 맞벌이를 하거나 낮에 다른 활동을 하는 상황에서 TV를 볼 시간이 없잖아요. 이런 식으로 사회 변화에 따라 자연스럽게 가구 시청률이 감소하는 것인데, 우리는 이를 마치 TV 시청률 자체가 떨어지는 것으로 오해하고 있는 것이죠.

문제가 되는 지점은 시청률을 산정하는 데 미치는 영향을 제대로 파악하지 못한 상태에서 시청률만 떨어진다고 생각하는 것입니다. 그래서 방송의 영향이 약해졌다고 판단하거나, 사람들이 TV를 보지 않는다고 결론짓는 것이고요.

우리가 방송 또는 프로그램의 성과 지표를 파악하고 이에 맞는 미디어 전략을 짜기 위해서는 사회 전체 구조와 인구 및 가계의 구조 등을 제대로 분석해야 합니다. 숫자만 보면 문제의 핵심을 놓치는 것이죠.

인구수의 변화를 살펴보면 50~60대의 비중은 점점 늘어나고 있는 반면, 10~20대는 감소하는 상황입니다. 2024년의 시청지표 조

|  | 전체 | 4-9세 | 10대 | 20대 | 30대 | 40대 | 50대 | 60대이상 |
|---|---|---|---|---|---|---|---|---|
| **2018** | 4,813.96<br>100.00% | 252.82<br>5.25% | 573.83<br>11.92% | 641.6<br>13.33% | 699.43<br>14.53% | 838.99<br>17.43% | 826.88<br>17.18% | 980.42<br>20.37% |
| **2019** | 4,830.48<br>100.00% | 252.82<br>5.23% | 552.26<br>11.43% | 640.99<br>13.27% | 687.39<br>14.23% | 829.48<br>17.17% | 828.22<br>17.15% | 1039.32<br>21.52% |
| **2020** | 4,844.02<br>100.00% | 249.75<br>5.16% | 523.61<br>10.81% | 655.27<br>13.53% | 671.47<br>13.86% | 816.06<br>16.85% | 831.91<br>17.17% | 1095.94<br>22.62% |
| **2021** | 4,859.19<br>100.00% | 246.56<br>5.07% | 508.22<br>10.46% | 660.28<br>13.59% | 658.31<br>13.55% | 794.06<br>16.34% | 830.48<br>17.09% | 1161.29<br>23.90% |
| **2022** | 4,886.00<br>100.00% | 235.9<br>4.83% | 504<br>10.32% | 668.01<br>13.67% | 638.57<br>13.07% | 775.35<br>15.87% | 845.5<br>17.30% | 1218.67<br>24.94% |
| **2023** | 4,891.33<br>100.00% | 223.65<br>4.57% | 496.78<br>10.16% | 658.71<br>13.47% | 630.66<br>12.89% | 761.18<br>15.56% | 857.95<br>17.54% | 1262.41<br>25.81% |
| **2024** | 4,884.29<br>100.00% | 206.14<br>4.22% | 488.51<br>10.00% | 640.74<br>13.12% | 618.38<br>12.66% | 763.22<br>15.63% | 858.8<br>17.58% | 1308.51<br>26.79% |

[표17] 연도별 연령별 조사 모집단의 변화. 출처: 닐슨미디어코리아, TV 시청자 모집단

사기준을 살펴보면, 전체의 44%가 50~60대이고, 20대 이하는 27%를 차지하고 있다는 걸 알 수 있습니다. 2018년부터 연령별 구성비를 살펴보면, 50~60대는 지속적으로 증가하는 반면, 30대 이하는 지속적으로 감소하고 있죠.

따라서 시청자수를 모집단으로 나누어 산출하는 시청률의 경우 시청자 수의 변화를 적절히 반영하고 있는 것이 아니라 모집단의 변화에 따른 변화에 더 많은 영향을 받고 있는 것입니다. 때문에 급격한 변화가 일어날 때는 시청률보다 실제 시청자 수를 함께 살펴야 합니다. 시청자수와 시청률과의 차이를 파악해야 그 차이가 어떻게 발생했는지 이해할 수 있습니다. 그러면 우리나라 인구가 얼마만큼 빠르

게 변화했는지도 알 수 있습니다.

전체 인구 중 65세 이상의 비중이 25%를 넘어설 때 초고령화 사회라고 말합니다. 현재 우리나라는 그 문턱에 와 있으며, 아마 2025년쯤이면 초고령화 사회가 될 것입니다. 여기에 출산율이 계속해서 감소하는 상황이 이어지면 아마 '초초초고령화' 사회가 되지 않을까 싶습니다.

이런 상황에서 기업의 마케팅 전략을 재고해보는 건 당연합니다. 예를 들어, 2049세대를 타깃으로 한다면, 이 시장이 증가하는 추세인지 감소하는 추세인지 확인을 해야겠죠. 물의 양이 점점 늘어나 많은 물고기가 있는 호숫가에서 낚시를 할 것인지, 아니면 물도 고기도 줄어드는 시장에서 마케팅을 할 것인지 선택을 해야 합니다.

많은 사람이 지속 가능한 성장을 하려면 젊은 층을 타깃으로 삼아야 한다고 말합니다. 물론 동의합니다만, 젊은 층에 접근하기 위해서는 과거보다 훨씬 많은 비용이 든다는 걸 반드시 알아야 합니다. 예를 들어, 100명 중 10명을 타깃으로 하는 것과 10명 중 1명을 타깃으로 하는 것은 같은 10%라도 접근 방식과 비용이 다릅니다. 후자의 경우, 그 한 명에게 도달하기 위해 엄청난 비용과 노력이 필요합니다.

동일한 비용으로 같은 효과를 유지하는 것은 거의 불가능합니다. 따라서 누가 어디서 얼마나 많은 돈과 시간을 가지고 있으며, 주요 마케팅 대상으로 누구를 삼아야 할지 고민해야 합니다.

더욱이 안타깝게도 우리나라에서는 세대 연구가 부족합니다. 흔히 말하는 MZ세대조차 명확한 정의가 없습니다. 사람마다 생각하는 바가 다르니, 모든 MZ세대가 동일한 생각과 행동 패턴을 가진다고 확신할 수도 없습니다. 또한 MZ세대의 비중이 전체의 50% 이상이라면 충분히 큰 시장일 수 있지만, 우리나라에서는 겨우 20% 후반대에 머물러 있는 상황입니다.

지금까지 우리는 소비자가 어떻게 구성되어 있고 연령별 특성은 무엇인지 충분히 고민하지 않았습니다. 또한 연령대별 움직임에 대한 큰 그림조차 제대로 이해하지 못하고 있습니다. 단순히 오랫동안 해온 관행대로 젊은 세대에게만 접근하고 있지요.

인구가 지속적으로 증가하던 시절에는 당연히 성장하는 젊은 세대에게 브랜드를 노출시키는 것이 중요했습니다. 젊은 시절에 좋아한 브랜드는 오랫동안 사랑받을 확률이 높기 때문이죠. 그래야 기업도 지속 가능한 성장을 할 수 있고요.

그러나 이제는 상황이 달라졌습니다. 젊은 세대보다 노령층으로 진입하는 세대가 훨씬 많아졌습니다. 그럼에도 불구하고 여전히 과거의 젊은 세대 중심 마케팅 방법을 고수한다면, 기업은 점점 더 어려움을 겪을 수밖에 없습니다.


## 수도권 인구 집중과 지방 소멸의 문제

이번에는 수도권으로 몰려들고 있는 사람들에 대한 이야기를 나누

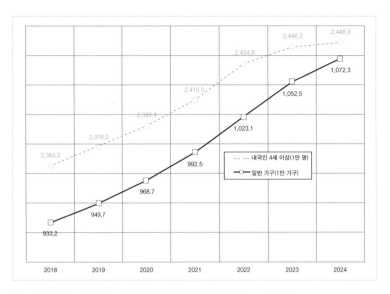

[표18] 연도별 수도권 조사 모집단의 변화. 출처: 닐슨미디어코리아, TV 시청자 표

고자 합니다. [표18]에서 알 수 있듯이 전체 인구는 감소했지만 수도권 인구는 줄지 않고 있습니다. 증가세가 둔화하긴 했으나 여전히 늘어나고 있는 추세죠. 이미 전체 인구의 50%가 수도권에 모여 살고, 10대 이하, 20대, 30대, 40대까지 각 세대 인구의 절반 이상이 수도권에 모여 사는 실정입니다. 나머지 연령대도 수도권 인구 비율이 늘어나고 있어 모든 연령대가 수도권에 50% 이상 거주하는 상황이 조만간 올 것입니다.

대부분의 인프라와 주거시설이 밀집되어 있는 수도권은 그 특성상 인구가 계속해서 몰릴 수밖에 없는 구조입니다. 그런데 이것을 모른 채 마케팅을 진행할 경우 전체 인구구조 변화에 따른 정보를 놓

|      | 전체 | 4-9세 | 10대 | 20대 | 30대 | 40대 | 50대 | 60대이상 |
|------|------|-------|------|------|------|------|------|----------|
| 2018 | 49.13% | 54.20% | 44.98% | 52.11% | 55.27% | 50.97% | 47.52% | 43.71% |
| 2019 | 49.23% | 53.31% | 45.28% | 52.86% | 55.26% | 51.21% | 47.90% | 43.59% |
| 2020 | 49.39% | 53.22% | 46.30% | 52.21% | 55.97% | 51.11% | 48.46% | 43.69% |
| 2021 | 49.60% | 53.85% | 46.25% | 52.20% | 56.11% | 51.93% | 49.23% | 43.65% |
| 2022 | 49.83% | 55.74% | 45.62% | 52.67% | 56.81% | 52.95% | 48.44% | 44.20% |
| 2023 | 50.01% | 56.50% | 45.37% | 52.81% | 56.87% | 53.40% | 48.00% | 45.12% |
| 2024 | 50.14% | 57.73% | 45.89% | 52.50% | 57.61% | 52.93% | 48.25% | 45.45% |

[표19] 연도별 수도권 모집단의 비율. 출처: 닐슨미디어코리아, TV 시청자 모집단

칠 가능성이 큽니다. 전국적인 시각을 갖되 수도권만의 특성을 고려한 전략이 필요합니다. MZ세대라고 불리는 젊은 세대의 경우, 50% 이상이 수도권에 모여 있습니다. 이에 따라 마케팅 역량을 적절히 배분해야 합니다. 전국적으로 접근할 것인지, 아니면 수도권에 집중할 것인지 더 면밀하게 살펴봐야 하죠.

수도권 인구집중현상이 심화되면서 우리나라에서도 소멸하는 지역이 나타나기 시작했습니다. 소멸 위험 지수는 만 29~39세 여성 인구를 만 65세 이상 인구로 나눈 것인데, 이 지수가 1.5 이상이면 소멸 저위험 지역, 0.5 미만이면 소멸 위험 지역으로 정의합니다. 2002년 4곳에 불과했던 소멸 위험 지역이 2023년에는 118곳으로 늘었고, 2024년 3월 기준으로는 187곳으로 대폭 증가했습니다. 특히 소멸 고위험 지역이 57곳이나 되는데, 불과 1년 사이에 엄청나게 많이 늘었습니다. 이는 서울과 일부 광역시를 제외하면 대부분 지역이 위험한

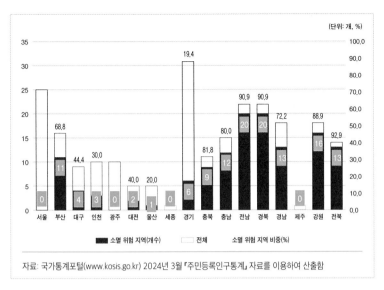

자료: 국가통계포털(www.kosis.go.kr) 2024년 3월 『주민등록인구통계』 자료를 이용하여 산출함

[표20] 시도별 소멸 위험 시군구 수 및 비중(2024년 3월 기준) 출처: 한국고용정보원

상황이라는 뜻이에요. 그런데 문제는 광역시라고 해도 이 위험에서 벗어날 수는 없다는 것이죠. 부산의 경우 11개 구가 소멸 위험 지역으로 지정되었거든요.

이 외에도 대전 2개 구, 대구 4개 구 등 수도권 이외의 모든 지역이 소멸 위험에 처했다고 볼 수 있습니다. 군 단위 지역은 더욱 심각한 상태입니다. 예를 들어, 최근 대구로 편입된 군 지역들도 인구 소멸 고위험으로 분류되었습니다.

이런 지표를 통해 우리는 현재의 인구구조가 얼마나 심각한 상황인지 실감할 수 있습니다. 어쩌면 어느 날 갑자기 국회의원 지역구가 없어져버리는 문제를 처음으로 경험할 수도 있습니다.

출산율이 줄어들면서 인구 피라미드 구조도 항아리형에서 버섯형으로 변화하는 중입니다. 2020년 기준 인구 피라미드를 살펴보면 20대까지는 어느 정도 규모가 유지되었는데, 2000~2010년생은 이전에 비해 절반으로 줄어들었고, 2011~2020년생은 2000년생에 비해 60%가 줄어든 상황입니다. 아직까지는 이들이 청소년기에 있기 때문에 그 여파를 버틸 수 있지만, 2010년생이 20대가 되는 5년 후 정도부터는 실제 노동인구, 소비 인구가 줄어든 것을 피부로 체감할 수 있을 겁니다. 인구가 감소하니 시장이 줄어들고, 그에 따라 장기 침체가 이어질 수 있는 것이죠.

## 연령별 미디어 이용 시간 규모와 매체별 비중

2020년 코로나 때문에 매체 이용 시간이 변화한 후, 2023년에 이전 수치를 완전히 회복했다는 조사 결과가 나왔습니다. 팬데믹 기간 중 집에 오래 머물면서 TV, PC, 모바일 사용 시간이 모두 증가하는 경이로운 현상을 보였는데, 코로나가 점차 잠잠해지면서 사람들이 일상을 회복하자 상황이 달라진 겁니다.

사람들의 외출이 잦아지면서 TV와 PC 사용 시간은 줄어들고 스마트폰 사용 시간만 엄청나게 증가하는 형태로 바뀌었습니다. 사람들이 스마트폰을 많이 쓴다는 것은 다른 매체의 사용 시간이 줄어든다는 뜻입니다. 모든 매체의 사용 시간을 함께 늘리기 위해 가장 필요한 것은 사람들의 여가 시간이죠. 여가 시간이 늘어야 PC도 하고, TV도 보고, 스마트폰도 할 수 있는 것이죠.

또 하나 추가로 말씀드리자면, 수도권으로 사람들이 모여들면 그에 따른 인프라와 교통 시설이 필요한데요, 출퇴근 시간이 늘어나면 당연히 여가 시간이 줄고, 결국 매체 이용 시간도 줄어들게 됩니다. 그러다 보니 고객에게 접근하기 위해 더 많은 돈을 써야 하고, 더 많은 기회를 탐색할 수밖에 없죠. 당연히 마케팅 효율은 점점 떨어질 테고요.

연령별 매체 이용 시간을 보면 10대가 가장 적고 20대, 30대, 40대, 50대, 60대 순으로 연령이 올라갈수록 이용 시간이 늘어나는 것을 볼 수 있습니다. 안 그래도 인구가 주는데 매체를 잘 안 보는 젊은 층에 타깃을 맞춰야 할까요, 아니면 인구가 점점 늘어나고 매체도 많이 사용하는 장년층에 타깃을 맞추어야 할까요?

기업마다 상황이 다르고 마케팅 상품의 특성에 따라 달라질 수밖에 없겠지만, 앞으로는 장년이나 노년층을 대상으로 마케팅에 집중하는 것이 전략적으로 훨씬 더 효율적일 거라고 생각합니다.


## 실시간성의 의미 약화, VOD와 동영상 소비 급증

PC와 스마트폰에서는 방송 프로그램보다는 동영상을 더 많이 시청하고, 실시간보다는 비실시간 콘텐츠를 선호하는 경향이 두드러집니

| 순위 | | 1 | 2 | 3 | 4 | 5 | 6 |
|---|---|---|---|---|---|---|---|
| 가구 | 채널명<br>점유율 | VOD(통합)<br>11.77% | KBS1<br>10.37% | KBS2<br>6.50% | SBS<br>5.53% | MBC<br>5.13% | TV CHOSUN<br>4.92% |
| 개인 | 채널명<br>점유율 | VOD(통합)<br>11.74% | KBS1<br>10.09% | KBS2<br>6.61% | SBS<br>5.89% | MBC<br>5.41% | TV CHOSUN<br>4.47% |
| 4-9세 | 채널명<br>점유율 | VOD(통합)<br>50.86% | MBC<br>3.52% | SBS<br>2.96% | tvN<br>2.69% | KBS2<br>2.56% | EBS<br>2.00% |
| 10대 | 채널명<br>점유율 | VOD(통합)<br>29.95% | SBS<br>5.92% | MBC<br>5.43% | tvN<br>4.58% | KBS2<br>4.37% | JTBC<br>3.51% |
| 20대 | 채널명<br>점유율 | VOD(통합)<br>15.54% | SBS<br>7.13% | MBC<br>6.74% | KBS2<br>6.34% | KBS1<br>5.72% | tvN<br>4.82% |
| 30대 | 채널명<br>점유율 | VOD(통합)<br>23.65% | SBS<br>6.93% | KBS2<br>6.26% | MBC<br>6.12% | KBS1<br>5.40% | tvN<br>5.18% |
| 40대 | 채널명<br>점유율 | VOD(통합)<br>20.14% | SBS<br>7.56% | MBC<br>6.71% | tvN<br>6.01% | KBS2<br>5.52% | JTBC<br>4.27% |
| 50대 | 채널명<br>점유율 | VOD(통합)<br>11.54% | SBS<br>7.12% | KBS2<br>6.68% | KBS1<br>6.66% | MBC<br>6.50% | tvN<br>4.92% |
| 60대 이상 | 채널명<br>점유율 | KBS1<br>15.44% | KBS2<br>7.31% | TV CHOSUN<br>6.99% | MBN<br>4.83% | SBS<br>4.69% | VOD(통합)<br>4.40% |

[표21] 연령별 2023년 연간 점유율. 출처: 닐슨미디어코리아 시청지표

다. 이는 스마트폰과 PC 모두에서 동일하게 나타나는 현상이죠. 실시간 방송 시청률이 점점 감소하는 이유는 사람들의 여가 시간이 줄어들면서 방송 편성 시간에 맞춰 시청하기가 어려워졌기 때문입니다. 방송 프로그램을 PC와 스마트폰에서 시청하는 비율은 2022년 실시간 이용이 41.82%인 반면, 비실시간 이용은 49.14%에 달했습니다.

이러한 경향은 TV에서도 동일하게 나타나고 있습니다. 2023년 각 연령별로 가장 많이 시청한 채널은 실시간 채널이 아니라 비실시간(VOD)을 가장 많이 시청하고 있고요. 10대 이하부터 50대까지 모

든 연령층에서 비실시간 채널이 가장 인기 있는 반면, 60대 이상은 비실시간 시청이 6위를 기록해 아직은 실시간 방송을 더 많이 시청하는 것으로 나타났습니다.

코로나19 팬데믹 동안 많은 세대가 편리한 VOD 서비스를 접하게 되면서, 비실시간 콘텐츠의 인기가 더욱 높아졌습니다. 특히 여가 시간이 부족한 세대일수록 VOD를 선호하는 경향이 뚜렷합니다. 흥미로운 점은 1위인 VOD와 다른 채널 간의 점유율 차이가 크다는 것입니다. 예를 들어, 10대 이하 세대에서는 VOD가 50%를 차지하지만, 다음으로 인기 있는 채널인 MBC는 3%에 불과합니다. 과거와 달리 요즘 아이들은 실시간 TV를 거의 보지 않는다는 뜻이죠.

10대의 경우도 마찬가지입니다. VOD가 거의 30%를 차지한 반면, 그다음으로 인기 있는 채널인 SBS는 6% 정도에 머무르고 있죠.

요컨대 요즘 10대와 20대에게는 TV가 반드시 봐야 하는 미디어는 아니라는 얘깁니다. 아마도 이 책을 읽는 독자들은 저와 비슷한 경험을 했을 것으로 보이는데요, 저한테는 어릴 때 방송을 보는 DNA가 있었습니다. 저녁 6시에는 〈모여라 꿈동산〉을 봐야 했고요, 커서도 〈주말의 명화〉를 챙겨 보곤 했죠. 그런데 요즘 아이들은 실시간으로 영상을 보지 않기 때문에 TV를 봐야 한다는 DNA가 없는 것이죠.

실제로 TV 앞에 앉아 있는 시간 자체가 줄어들고 젊은 세대의 매체 이용량이 감소하면서 안정적인 TV 시청률 확보가 점점 어려워지고 있습니다. 결국 인구 감소와 함께 젊은 층의 매체 소비 패턴이 변화함으로써 편성을 통한 안정적인 TV 시청률 확보에 장벽이 생긴 것입니다.

## 변화하는 시청 패턴과 그 의미

TV 대신 PC나 모바일에서 콘텐츠를 보는 것은 어떤 의미가 있을까요? 여기서 보는 동영상은 채널 방송이 아니라 자신이 시청하고 싶은 것, 또는 알고리즘이 추천하는 것입니다. 하지만 이렇게 되면 기존의 미디어는 시청자한테 접근할 방법을 놓칠 수밖에 없죠. 따라서 이런 변화를 더 깊이 살펴볼 필요가 있다고 생각합니다. 이와 관련해 몇 가지 흥미로운 데이터가 있습니다.

실질적으로 VOD 시청률을 계산할 수는 없지만, 몇몇 프로그램의 시청 시간을 분석해본 결과 흥미로운 점이 발견되었습니다. 예를 들어, 드라마 〈그해 우리〉의 경우 본방 시청자 수와 VOD 시청자 수가 거의 비슷하게 유지되고 있었습니다. 드라마 〈재벌 집 막내 아들〉도 마찬가지로 평균 시청자 수가 유사했죠. VOD 시청률도 거의 줄지 않았습니다. 마지막 주쯤 되면 VOD가 줄고 실시간 시청이 약간 늘어나는 경향을 보였지만요. 이는 VOD를 보던 시청자들이 드라마의 클라이맥스에 관심을 기울이며 실시간으로 확인하고 싶었기 때문으로 보입니다.

원래 VOD를 제공하는 이유는 간단합니다. 즉, 본방송을 놓친 사람들에게 다시 볼 기회를 제공해 다음 주에 본방송을 보게 하려는 것입니다. 그런데 VOD 시청률이 줄지 않고 유지된다는 것은 많은 사람이 비실시간으로 콘텐츠를 소비하고 있다는 뜻입니다. 이는 사람들이 방송 시간에 맞춰 달려가기보다는 자신이 원하는 시간대에 VOD를 보는 경향이 증가하고 있음을 나타냅니다.

최근의 드라마 자료를 통해 이런 현상을 다시 확인해보았는데요, 예를 들어 〈고려 거란 전쟁〉은 어르신들이 많이 좋아한 프로그램으로, 실시간 시청자가 많았지만 VOD 시청량도 줄지 않았습니다. 그런데 설날 연휴로 인해 결방한 2월 둘째 주에는 VOD도 보지 않은 그래프가 나왔습니다. 이는 본방송과 VOD를 구분해서 소비하는 그룹이 존재한다는 걸 보여줍니다. 또 다른 예로 〈눈물의 여왕〉은 VOD 시청량이 유지되면서 본방 시청률도 함께 증가하는 모습을 보였습니다.

이렇듯 연령대별로 시청하는 비율이 비슷한 채널에서 성공 요소나 프로그램 지표를 들여다볼 때, 앞으로는 실시간뿐만 아니라 비실시간도 함께 고려해야 합니다. 어느 한 타깃층에 몰려 있으면, 이를 어떻게 여러 층으로 나누어 나의 콘텐츠를 접하게 만들지도 고민해야 할 것 같습니다.

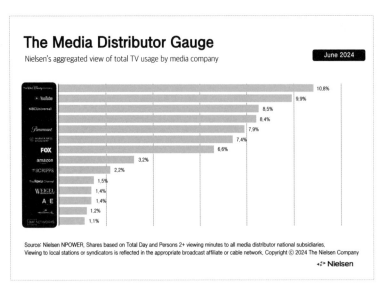

[표22] 2024년 6월 콘텐츠 제작자별 이용량. 출처: 닐슨미디어 리서치

## 코드 커팅과 스트리밍 서비스의 확장

미국에서 TV로 시청하는 서비스에 대한 조사 결과를 살펴보면 방송 플랫폼 서비스를 통한 시청은 감소하고, 인터넷을 통한 스트리밍 서비스가 증가한 것을 알 수 있습니다. 2021년 12월에는 케이블 TV(37.3%), 스트리밍 서비스(27.7%), 브로드캐스트(26.1%) 순으로 사용했다면, 2024년 12월에는 스트리밍 서비스(40.3%), 케이블 TV(27.2%), 브로드캐스트(20.5%) 순으로 변화했죠. 브로드캐스트 수신이 6% 빠졌고, 케이블 TV도 10% 넘게 줄었습니다. 이렇게 감소한 부분이 거의 스트리밍 서비스로 넘어가 13%나 대폭 증가했고요.

스트리밍 서비스를 구성하는 각각의 서비스를 살펴보면 유튜브, 넷플릭스, 아마존 프라임, 훌루, 디즈니플러스, 투비, 로쿠, 피콕, 플루토까지 TV에 인터넷을 연결해서 볼 수 있는 것이 엄청나게 늘었다는 걸 알 수 있습니다. 그래서 현재 미국에서는 TV를 보기 위해 유료 방송에 가입하지 않는 사람이 늘고 있습니다. 코드 커팅이 늘어나는 상황인 것이죠.

방송계에서는 젊은 세대를 비롯해 많은 사람이 TV를 많이 떠났다고 하는데, 실제로 코로나19 시기 이후 젊은 세대가 스트리밍으로 연결된 채널로 많이 옮겨갔습니다. 우리나라에서도 비슷한 현상이 나타나고 있죠. PC나 모바일의 작은 화면으로 콘텐츠를 보기보다 충분한 여가 시간이 있고 집에서 지낼 수 있다면 같은 콘텐츠를 TV로 보기 시작한 것이죠. 이렇게 인터넷이 연결된 커넥티드 TV(CTV)의 이용량이 대폭 늘어난 겁니다. 그 안에서 스트리밍 서비스의 유료 가입이 증가하고 무료인 FAST TV의 이용도 늘어나는 등 TV가 새로운 패러다임으로 젊어지기 시작했는데, 이것이 현재 미국에서 나타나고 있는 시청 형태라고 볼 수 있습니다.

그렇다면 콘텐츠 제작자별 이용량은 어떻게 될까요? 2024년 6월 조사 결과, 1위를 차지한 채널은 월트디즈니컴퍼니였습니다. 물론 디즈니플러스와 훌루 등이 모두 포함된 수치입니다. 2위인 유튜브도 자체 채널에서 직접 만든 것들만 조사 대상에 포함했습니다. 넷플릭스도 자체 오리지널 제작 콘텐츠만 조사한 것이고요. 예를 들어 〈빅뱅 이론〉 같은 드라마를 넷플릭스에서 스트리밍한다 하더라도, 그 가중치는 그걸 제작한 방송사 몫으로 계산했습니다. 그렇게 살펴보니 콘텐츠 제작자에 이름을 올린 기업 중에는 생각보다 방송사가 아주 많다는 걸 알 수 있습니다.

방송사의 프로그램 유통 방식은 전파를 통해서뿐만 아니라 스트리밍을 통해서도 이루어지고 있으며, 이를 시청하는 사람도 많아지고 있습니다. 그래서 이런 플랫폼 내에서 방송사의 영향력이 유지되고 있는 것입니다. 여기서 한 가지 생각해볼 점이 있습니다. 라이브로 A라는 프로그램을 시청하면 방송을 본 것인데, 스트리밍으로 올라온 것을 시청해도 방송을 본 것일까요? 아니면 단순히 콘텐츠를 본 것일까요?

요컨대 어디까지를 방송 프로그램으로 보고, 어디까지를 방송 콘텐츠로 보고, 어디까지를 오리지널로 볼지에 대한 기준점이 필요해진 상황이 된 것이죠. 이를 위해 미국 닐슨미디어 리서치에서는 방송사·플랫폼사·스트리밍사들과 협력해 큰 틀을 만들고, 해당 콘텐츠가 어디로 가야 하는지 합의해 결정한 후 주간 단위로 데이터를 모으고 있습니다.

CBS에서 방영한 시트콤 〈영 셸던〉을 통해 흥미로운 사례를 소개해보겠습니다. 이 시트콤은 한 달 동안 약 60억 명이 시청했는데, 그중 절반은 실시간으로, 나머지 절반은 비실시간으로 시청했습니다. 미국에서는 현재 이 데이터를 모두 취합한 시청률을 조사하고 있고요. 이 외에 스트리밍 서비스 콘텐츠 순위를 체크할 때도 가입자기반VOD(SVOD)를 제공한 플랫폼을 모두 합쳐서 시청 시간을 체크합니다. 타이틀이 한 개인지, 여러 에피소드로 구성되었는지도 염두에 두고요. 이렇게 하면 영상 하나의 영향력이나 시리즈의 영향력 등을 모두 체크할 수 있는 장점도 있습니다.

이런 통합 조사가 가장 필요한 곳은 광고 및 마케팅 담당자들인 것 같습니다. 매체 간 중복도를 줄여 효과적인 마케팅 전략을 세우기 위해 늘 고민하는 사람들이지요. 기존에는 TV, PC, 모바일의 3스크린 매체만 고려했지만, 앞으로는 인터넷에 연결된 커넥티드 TV도 추가한 4스크린으로 확장된 모델을 통해 데이터를 산출하는 것이 좀 더 다양한 전략을 짜는 데 도움을 줄 것입니다.

TV의 경우에도 VOD를 보는 사람이 늘어나고, FAST TV처럼 광고를 본 후 콘텐츠를 소비할 수 있는 상품이 많이 나오는 상황에서 TV와 디지털 매체의 경계가 흐려지고 있습니다. 그렇다 보니 미디어업계에서는 이런 변화를 반영해 새로운 구분 체계를 마련하려 노력하고 있는 상황입니다.

물론 CTV와 커넥티드 TV 분야가 우리나라에서 활성화하기까지는 시간이 더 필요할 것입니다. 그러나 제 관점에서는 이런 현상이 매우 흥미로운 지점에 와 있으며, 우리에게 많은 시사점을 던져준다고 생각합니다.

고려해야 할 점은 우리가 현재 사용하고 있는 매체 구분이 정확히 맞는지 여부입니다. 앞서 언급한 것과 마찬가지로, 방송 프로그램을 어디서부터 어디까지로 볼 것인가? 그리고 방송 광고는 TV 광고인데, 만약 VOD 앞에 광고를 실으면 이것도 방송 프로그램 광고일

까? 이런 혼란스러운 구조 속에서 이를 어떻게 구분하고 최적화할
수 있을지 고민해야 합니다.


## TV로 진입하려는 스트리밍 서비스


이번에는 2024년 미국의 방송 광고 선판매 제도인 업프런트에서 나
타난 변화를 통해, 미국의 방송 관계 시장이 얼마나 어떻게 변화하
고 있는지 설명드리겠습니다. 첫 번째로 주목해야 할 것은 스트리밍
서비스의 변화인데요, 그 분야의 대표 주자라 할 수 있는 아마존 프
라임 비디오, 넷플릭스, 디즈니플러스 등의 업체가 TV 실시간 중계
에 큰 노력을 기울이고 있습니다.

우리나라의 스트리밍 서비스인 티빙과 웨이브에는 실시간 채널
이 포함되어 있습니다. 그러나 넷플릭스에는 실시간 채널이 없고, 아
마존 프라임 비디오와 디즈니플러스 역시 마찬가지죠. 그런데 이들
이 스포츠 경기를 중계하면서 실시간 콘텐츠를 추가하려 노력하고
있는 거예요.

방송은 점점 실시간 시청률이 줄어들고 있는데, 왜 이들은 더 많
은 라이브러리와 VOD를 보유하고 있음에도 불구하고 실시간 콘텐
츠에 집중할까요? 이는 충분히 고민해볼 만한 문제인데, 제가 보는
관점은 이렇습니다. 즉, 세상에서 라이브만큼 습관을 만들기에 좋은
것은 없다는 겁니다.

예를 들어, 아마존 프라임 비디오는 목요일 경기만 중계합니다. "목요일 몇 시에는 아마존 프라임 비디오를 보세요"라는 식으로 사람들이 습관을 들이면, 특별한 홍보나 프로모션 없이도 자연스럽게 시청자가 늘어나겠지요.

미디어에서 가장 중요한 것은 합리적이고 이성적인 시청자가 아닙니다. 습관적으로 찾아오는 시청자가 가장 중요합니다. 이는 매우 안정적으로 고객을 확보하는 방식입니다.

물론 일부 공중파나 케이블 채널에서는 특정 프로그램을 습관적으로 시청하는 것은 의미가 없다고 말할 수 있지만, 그렇게 강력한 자산을 가진 채널이야말로 가장 좋은 것입니다. 일요일에 〈1박2일〉을 보는 고정 시청자들이 존재한다는 것은 그만큼의 자산을 갖고 있는 것과 같습니다. 아직 사람들이 번호조차 모르는 채널이 많은 가운데, 시청자가 채널 번호와 특정 시간대의 프로그램을 알고 있는 것은 엄청난 자산입니다.

스트리밍 경쟁이 치열해진 미국에서는 '우리 서비스 안에서 무엇을 보고 있어야 하고, 사람들이 주기적으로 우리 서비스를 이용하게끔 하는 가장 좋은 방법은 무엇일까?'라는 고민 끝에 자연스럽게 스포츠 경기 중계를 선택하게 된 것이죠. 그렇다 보니 미국에서 가장 큰 스포츠 시장을 갖고 있는 NFL의 경우, 과거에는 TV 채널에만 중계권을 팔던 방식을 바꾸어 이제 여러 스트리밍 플랫폼에도 중계권을 판매하기 시작했습니다. 중계권을 판매하는 입장에서는 당연히 매출 증가가 이루어지니 마다할 이유가 없죠.

넷플릭스 2024 업프런트 장면. 출처 : 넷플릭스

두 번째로 고려해야 할 점은 스트리밍 사업자가 광고 요금제를
포함한 상품을 도입했다는 것입니다. 예를 들어, 넷플릭스의 경우 미
국에서 광고 요금제 가입자가 전체 가입자 4,000만 명 중 40%를 차
지하고 있습니다.

넷플릭스는 2024년 업프런트에서 마이크로소프트의 새로운 애
드테크 광고 플랫폼을 도입해 광고가 자연스럽게 노출되도록 하겠다
고 발표했습니다. 이것이 의미하는 바는 무엇일까요? 스트리밍 서비
스를 저렴한 가격, 즉 대략 절반 정도 되는 가격에 이용할 수 있으며,
시청 중간중간에 광고를 삽입한다는 것입니다. 그렇다면 이것이 기
존 방송과 다른 점이 있을까요?

또 하나 최근 FAST가 미국 내에서 큰 인기를 끌고 있는데, 이로 인해 TV 방송 시장도 급격히 성장하고 있습니다. 앞서 언급한 것처럼 TV와 CTV가 연결되면서 TV 광고비가 계속 증가하는 추세를 보이고 있는 것이 미국 시장의 주요 특징입니다. 따라서 유튜브도 광고주들 앞에서 2024년에 제작할 콘텐츠를 공개하며, TV와 스트리밍 서비스가 모두 하나로 통합되는 모습을 보여주었습니다.

이런 상황에서 TV는 TV 광고, PC와 모바일은 디지털 광고로 구분하는 잣대를 계속 유지한다면, 급격하게 변화하며 하나로 통합되어가고 있는 방송과 관련 매체들의 이용 양태를 따라갈 수 없을 것입니다.

이제 우리는 좀 더 넓은 시각을 갖고 우리 기업에 가장 적합한 전략이 무엇인지 깊이 고민할 필요가 있습니다. 온디드 마케팅, 브랜디드 마케팅, 콘텐츠 마케팅 등 다양한 방법을 활용하고, 우리가 보유한 자원을 바탕으로 한 마케팅도 기획해야 합니다. 다만 주의해야 할 점이 있습니다. 자칫 각 매체에만 집중해 광고를 진행하기 쉬운 함정에 빠질 수 있다는 것입니다. 이를 피하기 위해서는 전체적인 관점을 유지하며 균형 잡힌 접근이 필요합니다.

이제 이번 챕터의 내용을 정리해보겠습니다. 우리 사회는 인구 변화가 본격적으로 나타나고 있습니다. 앞서 언급했듯이 처음으로 인구가 감소하기 시작했고, 수도권으로의 인구 집중 현상이 지속되고 있습니다. 이런 상황에서 수도권만을 바라보면 전체 인구 변화를 놓칠 가능성이 큽니다. 세대별 특성과 증감이 완전히 다르게 나타나고 있기 때문에 이에 대한 명확한 분석이 필요합니다. 기업들은 자신의 상품과 전략에 맞춘 대응 방안을 마련해야 하고요.

두 번째로 고려해야 할 점은 코로나19 시기에 많은 사람이 집에 머물며 다양한 매체를 접하면서 미디어 산업이 호황을 누렸다는 사실입니다. 그러나 아이러니하게도, 사람들이 다시 외부 활동을 시작하면서 매체 이용 시간이 줄어들고 있습니다. 중요한 것은 어떤 콘텐츠를 만들고 그걸 어떤 서비스에 얹어 제공하는지가 아니라, 사람들이 그 콘텐츠를 볼 시간이 있는지 여부입니다. 우리는 종종 좋은 서비스와 콘텐츠만 있으면 사람들이 자연스럽게 볼 거라고 생각하지만, 실제로는 충분한 여가 시간과 환경적 요인이 더 중요합니다.

따라서 매체 자체보다 사람들과 사회에 더 주목해야 합니다. 여가 시간이 부족하면 접근 비용이 증가할 수밖에 없다는 걸 염두에 두어야 합니다. 우리는 이제까지 매체 이용 습관을 쉽게 파악하기 위해 사람과 사회를 더 깊이 고민해본 적이 없습니다. 지금이라도 이런 고민을 통해 새로운 통찰을 얻기 바랍니다.

마지막으로 강조하고 싶은 것은 TV와 디지털의 경계가 모호해지고 있다는 점입니다. 레거시 매체와 디지털 매체의 구분법이 여전히 유효한지 따져볼 필요가 있습니다. 지금 상황에 맞는 부분을 찾기보다는 우리에게 유용한 체계를 만들어야 합니다.

매체와 서비스를 구분하는 방식도 재고해봐야 합니다. TV, PC, 스마트폰 등의 매체로 구분하는 방식으로는 변화를 예측하기 어렵습니다. 변화하는 형태들을 이해하고 본질적인 현상을 파악할 수 있는 기준을 마련하는 것이 중요합니다.

예를 들어 유튜브 광고를 PC와 스마트폰에서 시청하면 '디지털 광고'가 됩니다. 하지만 인터넷이 연결된 TV(CTV)에서 유튜브 애플리케이션으로 광고를 시청하면 이는 TV 광고인지, 아니면 디지털 광고인지 구별하기 어렵습니다. 매체와 서비스가 변화하고 있는 상황에서 우리는 여전히 이전에 사용하던 방식을 그대로 사용하고 있는 것은 아닐지요?

저희의 책 제목 《디지털 미디어 인사이트》처럼 디지털화한 모든 것을 포괄하는 사고방식이 필요합니다. 기존의 틀에서 벗어나 새로운 체계를 고민해보기 바랍니다. 이는 혼돈의 시대에 자신만의 기준과 전략을 세우는 출발점이 될 것입니다.

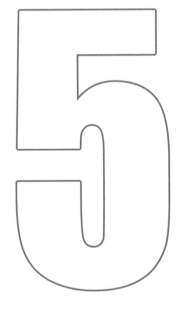

# 한국형 슈퍼 IP
# 생태계의 시작

2025년은 한국에서도 슈퍼 IP의 성장을
기대할 수 있는 한 해가 될 것 같습니다.
글로벌로 진출한 한국 드라마와 예능이 시즌을
연이어 만들며 팬덤을 계속 확장하고 있을 뿐
아니라, 한국 웹툰에서 출발한 작품들도 다양한
콘텐츠로 확장되고 있기 때문이죠.
더불어 현재 콘텐츠 IP는 기업들의
자체 IP 개발 열풍과 맞물려 온·오프라인을
관통하는 마케팅의 핵심 도구가 되었습니다.
이제 콘텐츠 IP는 미디어가 되어 다양한 영향력을
발휘하고 있습니다. 이런 상황에서 2025년의
콘텐츠 IP 성장에는 어떤 노력이 필요한지
살펴보겠습니다.

LEE SUNG MIN

이성민 저자의 강의를 직접 들어보세요.

**이성민**  한국방송통신대학교 미디어 영상학과 교수

한국방송통신대학교 미디어영상학과 부교수다. 서울대학교 언론정보학과에서 박사학위를
받았으며, 문화정책 분야의 국책연구기관인 한국문화관광연구원에서 재직했다. 문화체육
관광부 문화다양성위원회 민간위원을 맡고 있으며, 미디어콘텐츠산업융합발전위원회 전
문위원, 한국방송학회 총무이사, 한국언론학회 연구이사 등을 역임했다.
주요 저서로 『한류 탐색: 역사와 이론』(공저, 2024), 『언론산업 인공지능(AI) 활용방안 연
구』(공저, 2023), 『영상문화콘텐츠산업론』(공저, 2022), 『오징어 게임과 콘텐츠 혁명』(공
저, 2022) 등이 있다.

## 왜 한국형 슈퍼 IP 생태계를 이야기하나?

2023년과 2024년을 거치며, 한국에서도 슈퍼 IP가 탄생하고 성장할 수 있지 않을까 기대하게 만드는 장면들이 있었습니다. 여기서 제가 '슈퍼 IP'라는 표현을 사용하는 이유는 단순히 한국 내에서의 인기를 염두에 둔 게 아니라, 중·장기적으로 글로벌 팬층을 형성할 수 있는 작품이라는 의미에서입니다.

예를 들어, 전 세계적으로 큰 인기를 끌며 팬덤을 형성한 한국의 글로벌 IP 〈오징어 게임〉이 2025년 12월에 시즌 2를 선보일 예정입니다. 또한 〈피지컬: 100〉은 2024년에 이미 시즌 2를 발표했고, 웹툰 원작의 OTT 시리즈물 〈스위트 홈〉도 시즌 2가 공개되었죠.

한때는 한국에서 시즌제 드라마가 가능할지 의문이 제기되었지만, 이제는 글로벌 단위로 시즌제 프로젝트를 진행하는 게 많이 익숙해진 것 같습니다.

시즌제가 중요한 이유는 기존의 슈퍼 IP의 모습을 떠올려보면 이해하기 쉬울 것입니다. 많은 슈퍼 IP는 오랜 기간 동안 팬덤의 사랑을 받고 있습니다. 따라서 시즌을 이어나간다는 것은 기대감을 갖고 다음 프로젝트를 시청할 준비를 하는 팬덤이 계속해서 스노볼처럼 쌓여간다는 이야기거든요.

시즌제 프로젝트를 시작했다고 해서 곧바로 이를 슈퍼 IP라 부를 수는 없을 겁니다. 그러나 시즌제를 진행하며 그 동력을 점차 키워나간다면, 언젠가는 우리가 슈퍼 IP라고 부를 만한 수준으로 성장할 것이라고 생각해볼 수 있지요.

제가 특히 주목했던 프로젝트 중 하나는 바로 〈나 혼자만 레벨업〉입니다. 이 작품은 슈퍼 IP로 성장하는 전형적 경로를 따르고 있다고 해도 과언이 아닙니다. 처음에는 웹 소설로 시작해 웹툰으로 팬덤 규모를 거대하게 확장시켰고, 이후 글로벌 시장에서 좋은 성과를 거두었습니다.

2024년에는 엄청나게 성공한 웹툰 〈나 혼자만 레벨업〉의 애니메이션 1기가 공개되어 굉장히 좋은 평가를 받았습니다. 〈나 혼자만 레벨업〉은 또한 게임으로도 출시되었는데, 많은 경우 성공한 IP를 게임화하면 실패하기 쉽지만 이번에는 성공적으로 안착했습니다.

이러한 일련의 성공을 통해 우리는 〈나 혼자만 레벨업〉이 진정한 글로벌 슈퍼 IP로 성장할 가능성이 있다고 기대해봅니다.

사실 '슈퍼 IP의 성장'이라는 말을 꺼낼 때 매우 조급한 마음이 드는 분들도 있을 것 같아요. 그런데 어떻게 보면 그 조급한 마음이 슈퍼 IP 성장에 굉장히 중요한 키워드라는 생각이 듭니다. 예컨대 '빨리 다음 편이 나왔으면 좋겠다' 하는 마음을 10년간 품고 있으면 슈퍼 IP가 되는 겁니다. 글로벌 기업들은 이미 그런 방식으로 프로젝트를 진행하고 있어요.

그러니까 '빨리빨리'에 익숙한 한국 입장에서는 그 조급함을 중·장기적으로 끌어낼 수 있는 역량을 바탕으로 게임을 끌고 나가는 것이, 즉 주도적으로 전략을 바꿔나가는 것이 어떻게 보면 가장 중요하다고 생각합니다.

슈퍼 IP 생태계에서 '생태계'를 이야기하는 이유에 대해서도 말씀드리겠습니다.

제가 생태계라는 단어를 언급하는 이유는, IP의 성장은 혼자서는 이뤄내기 어렵다는 점을 강조하기 위함입니다. 콘텐츠 IP가 성장하려면 우선 팬덤이 형성되어야 합니다. IP의 가치는 팬덤에서 나오기 때문에 거대한 팬덤이 만들어지고 그들의 충성심과 지불 의사가 커지면, IP는 분명 상업적으로 가치 있는 자원이 될 것입니다. 그런데 이 IP가 정말 성장하려면 좋은 파트너를 만나는 것이 매우 중요합니다.

〈나 혼자만 레벨업〉의 확장 사례를 한 번 생각해볼게요. 한 작가의 창작물에서 시작된 이 작품은 웹 소설 전문 기업 디앤씨미디어를 통해 세상에 나왔고, 웹툰 작화는 레드아이스 스튜디오가 맡았습니다. 여기서 굉장히 좋은 그림을 그려내 웹툰이 엄청난 성공을 거두었고, 카카오 엔터테인먼트의 웹툰 플랫폼을 통해 글로벌로 확산되었죠. 이후 좋은 출판 파트너를 만나 해외에서도 훌륭한 책으로 출간되었습니다.

그다음 확장부터가 조금 재밌는데요, 한국 웹툰임에도 불구하고 한국 기업이 애니메이션 작업을 담당하지 않았습니다. 소니가 보유한 애니메이션 전문 OTT 크런치롤이 투자를 했고, 일본에서 애니메이션을 굉장히 잘 만드는 기업으로 알려진 A1 픽처스가 작화를 담당했죠.

그리고 게임화는 넷마블에서 맡았는데, 넷마블은 IP 기반의 게임, 특히 모바일 게임 제작에 탁월한 역량을 보여주며 이번에도 〈나 혼자만 레벨업〉의 성공적인 진입을 지원했습니다.

〈나 혼자만 레벨업〉의 사례를 살펴보면, 파트너가 국내에 국한되지 않는다는 걸 명확히 알 수 있습니다. 한국콘텐츠진흥원이 주최한 라이선싱 콘 행사에서 〈나 혼자만 레벨업〉의 IP 확장 사례를 다룬 적이 있는데, 그 자리에서 왜 일본 기업을 애니메이션 제작 담당으로 선정했냐는 질문에 디앤씨미디어 관계자가 했던 이야기에 주목해야 합니다.

그 질문에 대한 답변은 매우 간단했습니다. 바로 〈나 혼자만 레벨업〉의 애니메이션화를 가장 잘해낼 수 있는 기업이었기 때문이라는 것이었습니다. IP가 진정 글로벌로 성장하려면 각 단계마다 해당 분야에서 최고의 기업들이 참여하는 게 매우 중요합니다. 이는 결국 혼자서 모든 것을 할 수 없다는 의미이기도 하죠.

어떤 콘텐츠든 협력을 통해서만 극대화된 성장을 이뤄낼 수 있습니다. 특히 슈퍼 IP, 그것도 글로벌 슈퍼 IP라면 협력의 범위를 전 세계로 확장해야 하는 것은 자명한 일입니다. 그렇기 때문에 한국형 슈퍼 IP 생태계를 논하는 것은 단순히 한국 내에서 잘해보자는 이야기가 결코 아닙니다.

앞으로 한국의 콘텐츠 기업과 미디어 기업은 글로벌 시장에서 최고의 플레이어들과 협력할 수 있는 역량을 키워나가야 합니다. 물론 그 파트너가 한국 기업이라면 더할 나위 없이 좋겠지요. 그곳이 해당 분야에서 가장 뛰어난 역량을 가진 기업이라는 의미이기도 하니까요. 그러나 IP 관점에서 생각하면, 글로벌 협력을 확대하는 것이 최선입니다.

이때 중요한 점은 그러한 협력이 성장의 이익을 공유하는 관계여야 한다는 것입니다. 어느 한쪽만 이익을 독점한다면 그 협력 관계는 오래 지속될 수 없습니다. 한국형 슈퍼 IP가 성장한다는 것은, 한국이 만든 IP를 통해 글로벌 플레이어들이 모두 이익을 누릴 수 있게 만든다는 이야기입니다.

저는 2024년에 한국형 콘텐츠 IP의 확장 전략에 변화가 나타나고 있는 징후를 우리가 발견했다고 생각합니다. 다시 말해, 한국에서도 글로벌 협력의 필요성을 시장 참여자들이 인식하고 있으며, 이를 실행에 옮기고 있다는 것입니다. 2025년 이후에는 이러한 프로젝트가 더 이어질 거라고 기대합니다.

콘텐츠 IP 확장 전략은 두 가지로 나눠볼 수 있습니다. 첫 번째는 개별 산업 내에서 자신의 IP를 집중적으로 관리하는 내재화된 형태입니다. 두 번째는 외부 파트너와 협력해 해당 분야 전문가에게 업무를 맡기고, 공동으로 투자하며, IP를 성장시켜 이익을 공유하는 방식입니다.

그동안 한국의 IP 전략은 내재화에 좀 더 많은 비중을 실었다고 할 수 있습니다. 한국에서 IP 비즈니스를 가장 잘 수행해온 분야로는 애니메이션과 캐릭터 산업을 제일 먼저 꼽을 수 있죠. 그런데 이들 산업에서 가장 큰 문제로 지적된 요소 중 하나가 믿을 만한 에이전트가 별로 없다는 것입니다.

캐릭터 제작자가 최대한의 수익을 거두기 위해서는 그걸 콘텐츠로 만들어 애니메이션화하고, 심지어 장난감으로도 만들어야 합니다. 그런데 많은 경우, 장난감조차 스스로 만들려고 하는 경향이 있습니다. 이는 믿을 만한 파트너에게 맡겨본 경험이 적고, 신뢰할 만한 파트너가 많지 않다고 생각하기 때문입니다.

이런 상황은 악순환을 초래할 수 있습니다. 튼튼하게 성장한 에이전트가 있다면 각 분야의 전문가를 연결시켜주며 산업을 키울 수 있지만, 한국에서는 기업 내부에 이를 내재화하는 게 더 효율적이라는 경험들이 쌓여왔습니다. 그러나 최근에는 이러한 관행에 변화가 나타나고 있는 것 같아 기대감을 갖게 됩니다. 저는 IP에 대한 담론에도 이러한 변화가 필요하다고 생각합니다.

《디지털 미디어 인사이트》에서 IP를 다루기 시작한 것이 2022년부터인데, 그게 가능했던 이유는 〈오징어 게임〉이라는 IP 관련 사

건과 깊은 연관이 있는 것 같습니다. 〈오징어 게임〉은 한국이 만들어
낸 위대한 슈퍼 IP였지만, 그 소유권이 넷플릭스에 있다는 사실이 많
은 사람에게 충격으로 다가왔죠.

그래서 꽤 오랫동안 우리도 자체 IP를 보유해야 한다, 한국의 IP
를 유출해선 안 된다, 한국의 IP가 해외로 나가는 것을 막아야 한다
는 이야기가 많이 나왔습니다. 이렇게 IP의 소유와 확보에 주목하는
담론과 목소리가 몇 년간 이어졌습니다.

그런데 조금 더 냉정하게 생각해보죠. 〈오징어 게임〉이 슈퍼 IP
가 될 수 있었던 이유는 그것이 위대한 작품이었기 때문만은 아닙니
다. 글로벌 플랫폼을 만나고, 그들이 전사적으로 글로벌 프로모션을
했던 게 굉장히 중요한 성공 요인이었다는 점을 부정하기 어렵습니
다. IP가 누구의 것이냐도 중요하지만 그걸 누가 어떻게 키워냈느냐
도 매우 중요하죠.

따라서 IP의 주인이 누구인가보다, 그 IP를 키워낸 사람들이 정
당한 보상을 받느냐는 문제를 함께 고민해야 할 것으로 보입니다.


## 콘텐츠 산업과 정책 환경의 변화

2024년에 우리가 한국형 슈퍼 IP 생태계를 논의하는 중요한 이유는,
이제 슈퍼 IP의 성장을 어떻게 해야 잘 이끌어낼 수 있을지에 대한
좀 더 현실적이고 장기적인 전략을 고민하기 시작했기 때문입니다.

앞으로 선택과 전략의 고도화를 이뤄나가야 한다는 이야기도 드리고 싶고요.

글로벌 플랫폼을 적으로 돌리는 대신, 그들과 협력해 더 큰 도약을 이루고 지속적으로 이익을 공유하는 전략을 모색해야 한다는 것입니다. 이러한 변화를 이끈 신호들 중 하나로 저는 진흥 기관의 변화도 매우 중요한 몫을 했다고 생각합니다.

한국에서 콘텐츠 IP와 관련된 제도적 기반을 마련한 데는 한국콘텐츠진흥원 등의 역할이 큽니다. 물론 한국저작권위원회와 한국저작권보호원 등 여러 공공기관이 있지만, 콘텐츠 산업을 진흥하는 가장 대표적인 기관은 한국콘텐츠진흥원입니다. 한국콘텐츠진흥원은 2024년에 콘텐츠 진흥 전략의 패러다임 전환을 선언하며 '콘텐츠 IP 진흥본부'라는 전담 부서를 신설했습니다.

세부적인 구조를 들여다보면 아직은 기존에 있던 '만화 웹툰 산업팀'이나 '음악 패션 산업팀' 같은 조직을 포용하는 형태 같습니다. 그러나 '콘텐츠 IP 전략팀'을 중심으로 한 변화는 주목할 만합니다.

콘텐츠 IP 진흥본부를 설립하기로 결정했을 때 나왔던 이야기가 매우 인상적이었는데요, 지금까지 한국의 콘텐츠 정책은 씨를 뿌리고 묘목을 키우는 데 집중해왔다는 겁니다. 좋은 콘텐츠를 만들어낼 수 있는 역량을 키우는 데 그치며 나무로 자라 숲을 이루는 단계까지는 지원하지 못했다는 반성이었죠. 요컨대 IP는 우리가 뿌린 콘텐츠라는 씨앗이 자라서 우리 모두에게 그늘을 제공하는 숲을 만들어내는 것이라며, 이 방향으로 정책의 전환을 선언한 것입니다. 그리고 이러한 실천을 시작한 첫해가 바로 2024년인 것이죠.

이는 최근 몇 년간 콘텐츠 산업, 미디어 산업의 성장 방향에서 IP가 중요하다는 인식이 크게 확산했고, 중·장기적으로 슈퍼 IP를 성장시키는 것이 관건이라는 공감대가 형성되었으며, 진흥 기관들이 이를 제도화한 것으로 볼 수 있습니다.

한국 콘텐츠 진흥 기관의 정책 패러다임을 보면, 이번이 세 번째 큰 변화라고 할 수 있습니다. 초창기인 20년 전에는 진흥 기관들이 주로 콘텐츠 자체를 만들어내는 것에 집중했습니다. 대부분의 지원 사업이 제작 지원이었던 이유는, 좋은 콘텐츠를 만드는 게 중요하다고 여겼기 때문입니다. 그다음에는 기업과 인력 육성에 많은 노력을 기울였죠. 즉, 콘텐츠를 만들어내는 사람들에게 주목한 것입니다. 그리고 이제 생태계 전체가 건강해지는 방향으로 정책 변화를 꾀하게 된 것이죠. 즉, 콘텐츠 연관 산업의 발전과 함께 창작자뿐만 아니라 다양한 연계 인력의 역량을 키워나가기로 한 것입니다.

## 산업과 정책 환경의 변화

민간 사업자들 사이에서도 상당한 변화가 일어났습니다. 저는 2024년에 주목할 만한 주요 변화로 지상파 방송 사업자들이 예능 콘텐츠를 중심으로 스튜디오를 설립한 것을 꼽고 싶습니다.

물론 방송 영상 분야에서 스튜디오화는 이미 5년 넘게 지속되어온 트렌드입니다. 그러나 이제 지상파 사업자들까지 스튜디오화를 본격적으로 추진하면서 예능 분야로 그 전략을 확장한 것은 좀 의미가 있다고 생각합니다.

지상파 사업자 입장에서는 이미 드라마 제작 역량이 외부 스튜디오와 제작사에 이전된 상황이죠. 내부에 남아 있는 창작 자원 중 가장 대표적인 것이 예능, 특히 논스크립트(Non-scripted) 콘텐츠인데요, 저는 방송사가 이 분야의 경쟁력을 스튜디오를 통해 다시 한번 핵심 자원으로 삼아보겠다는 선언으로 보았습니다.

스튜디오화가 왜 IP와 관련이 있는지 설명해보겠습니다. 스튜디오의 기능을 단순히 제작을 실행하는 조직이라고 생각할 수도 있지만, 실제 작업은 대부분 전문 업체들과 협력해서 만들죠. 스튜디오가 실제로 하는 일은 외부의 IP를 유치해 방송 영상 콘텐츠로 개발하고, 그렇게 만든 콘텐츠를 IP 자원으로 확장하는 것입니다.

그러면 왜 방송 사업자가 내부에 이런 전담 조직을 두지 않았는지 궁금할 수 있습니다. 이에 대해 저는 방송사들이 스튜디오를 만드는 방식으로 콘텐츠 방향성 자체에 변화를 준 것이라고 설명하고 싶습니다.

방송 사업자 내부에 IP 전담 부서가 있으면, IP를 기획 단계에서부터 고민하기 보다는 주로 이를를 활용한 상품화 이후의 비즈니스 쪽에 집중하는 경향이 꽤 오래전부터 있었습니다. 아무래도 방송 사업자는 편성 기반의 콘텐츠 유통에 익숙하고 성과 지표도 이에 맞춰져 있기 때문에, 주로 방송 편성에 적합한 콘텐츠를 생산하게 마련입니다. 심지어 자기 방송국의 주요 시청층에 맞춘 콘텐츠에만 집중해 기획할 확률이 높죠.

하지만 현재의 미디어 환경에서 이렇게 해서는 좋은 콘텐츠를 만들기 어렵고, 다양한 플랫폼에서 다양한 이용자와 시청자를 만나고 싶어 하는 창작자를 기업 내부에 유치하기도 힘듭니다.

따라서 스튜디오화는 기본적으로 방송국 외부에서 다양한 플랫폼으로 콘텐츠를 유통하는 전략이라고 할 수 있습니다. 그것을 전제로 콘텐츠를 기획하고, 이를 바탕으로 좀 더 다양한 IP를 탐색·기획·개발해 성장을 도모하는 전략적 선택인 것입니다.

지금은 민간 기업, 특히 방송 사업 분야에서 IP 관련 조직이 정교해지고 있으며, 공공 정책 측면에서도 IP 관련 제도를 마련하고 있습니다. 기존과는 다른, 조금 더 나아진 방식의 IP 생태계가 구축되길 기대해봅니다.

## 콘텐츠 IP에 대한 인식의 변화

이제 IP에 대해 우리가 어떤 생각을 해야 할지 이야기해보려 합니다. 《디지털 미디어 인사이트 2023》에서 저는 액체 미디어 시대에 대해 논의했었는데요, 액체 미디어라는 말은 기본적으로 미디어가 디지털화했고, 디지털화한 미디어는 액체처럼 서로 경계가 허물어지면서 융합해간다는 의미였습니다. 그리고 이렇게 융합된 미디어는 사람들을 모으는 힘이 약해졌고, 오히려 구심점인 IP가 중요해졌다는 이야기를 하기 위해 사용한 단어였죠.

이번에는 'IP가 미디어다'라는 문장으로 2024년부터 2025년의 흐름을 표현해보려고 합니다.

앞서 저는 IP가 팬덤을 모으는 거점이 될 거라고 말씀드렸는데요, 2024년에는 이런 방식으로 IP를 활용하는 전략이 다양해진 것을 볼 수 있었습니다. 기업들이 각자의 IP를 키우려는 사례가 많았죠.

'캐릭터 라이선싱 페어'는 전통적으로 영유아 애니메이션 캐릭터가 주를 이루던 행사였습니다. 그런데 최근 몇 년간 어른들을 겨냥한 키덜트 IP를 확보하기 위해 많은 노력을 기울여왔습니다. 2024년 캐릭터 라이선싱 페어에서는 다양한 기업이 자사의 캐릭터를 내세워 마케팅을 펼치는 모습을 볼 수 있었죠. 신한은행과 롯데그룹을 비롯해 여러 기업이 자신들의 캐릭터를 통해 마케팅을 했습니다. 캐릭터 IP를 기업이 직접 키워나가는 걸 볼 수 있는 현장이었죠.

그렇다면 콘텐츠 기업도 아닌 그들이 자기 IP를 왜 이렇게 키우려고 할까요? 우리는 이것에 주목할 필요가 있습니다. 기업은 마케팅 자원으로 미디어를 확보하려고 꽤 오랫동안 노력해왔는데, 이제는 미디어를 넘어 IP 확보로 전환한 것이지요.

학자들마다 '미디어'라는 단어의 사용에 대해 논쟁이 있을 수 있지만, 결국은 '사람들의 관심을 끌고 메시지를 전달하는 매개물'이라고 정의할 수 있죠. 이런 의미로 미디어라는 단어를 쓴다면 현재 IP가 충분히 그 역할을 하고 있고, 거기에 사람들의 관심이 모이고 있으며, 이를 활용한 전략이 다변화하고 있는 상황입니다. 이런 의미에서 IP는 미디어인 것이지요.

이를 가장 잘 보여주는 사례가 팝업 스토어입니다. 2024년은 팝업 스토어가 폭발적으로 증가한 시기였어요. 서울 성수동 같은 지역은 항상 팝업 스토어가 열리는 공간이 되었죠. 팝업 스토어는 공간 비즈니스 측면에서 매우 매력적인 요소입니다. 과거에는 쇼핑몰에 입점한 극장이 비슷한 역할을 했습니다. 극장은 매번 새로운 영화를 개봉하기 때문에 관객들은 영화 관람과 함께 자연스럽게 쇼핑몰에 들러 지갑을 열었죠. 그런데 이제 성수동이 극장 같은 역할을 하며 사람들을 모으고, 그 안에서 여러 기업의 팝업 스토어를 경험하고 즐기도록 만들 수 있습니다.

물리적인 공간에서 지속적으로 콘텐츠를 변경하는 것은 비용과 노력이 많이 드는 일입니다. 그럼에도 불구하고 2024년에는 이러한 변화가 중요한 비즈니스 모델로 자리 잡았습니다. 이렇게 성수동에 놀러 간 사람들이 만나는 것이 바로 IP입니다. 오프라인 팝업 스토어에서 얻을 수 있는 것은 IP에 대한 관심이며, 기업은 이를 통해 원하는 메시지를 전달하려 합니다.

과거에는 기업들이 자사의 블로그나 유튜브를 통해 미디어 채널을 늘리려 했다면, 지금은 사람들이 어디서 무엇을 할지 모르기 때문에 오프라인으로 몰리고 있습니다. 이러한 트렌드는 2025년에도 이어질 것으로 보입니다. 결국 IP를 가지고 있어야 미디어 변화에 대응할 수 있다는 것이죠. 이것이 바로 2024년의 두드러진 변화입니다.

지금까지 저는 두 가지 정도의 결로 이야기를 전개해왔습니다. 슈퍼 IP를 말할 때는 내 것만이 중요한 게 아니라 다른 IP와 함께 협력하면서 성장의 과실을 누려야 한다는 것, 그리고 기업들이 자신의 오리지널 IP를 키우기 시작했다는 것이죠.

여기서 우리는 IP에 대해서도 두 가지 생각을 해야 합니다.

슈퍼 IP는 모두가 좋아하는 압도적 파워를 가진 IP이고, 관련 업체 모두가 이런 슈퍼 IP에 함께 올라타서 성장의 과실을 누려야 합니다. 하지만 현재의 소비 시장엔 매우 세분화된 타깃이 존재합니다. 그 때문에 다양한 마이크로 타깃에 접근할 수 있는 마이크로 IP의 역할 또한 매우 중요합니다. 그래서 기업이 자신의 IP를 그런 규모의 IP로 성장시키기 위해 노력하고 있다는 것은 주목할 만합니다.

이제 IP가 미디어라는 말을 증명하기 위해, 소비자의 주목도를 활용하는 비즈니스 광고가 어떻게 변화하고 있는지 살펴보겠습니다. 〈2023 방송통신 광고비 조사 보고서〉를 보면 방송 광고비가 2020년부터 2024년까지 계속 낮아지는 걸 알 수 있습니다. 지속적으로 하향 곡선을 긋고 있는 것을 보면 조만간 반등될 것 같아 보이지는 않습니다.

반면, 온라인 광고비는 굉장히 성장했습니다. 다만 좀 더 자세히 살펴보면 PC 분야는 성장이 둔화한 반면 모바일 광고비가 크게 성장했다는 걸 알 수 있죠.

그런데 여기서 조금 주목해야 할 것이 옥외광고입니다. 2020년 전체의 5.9%를 차지하던 옥외광고비가 2024년 7.4%까지 늘었습니

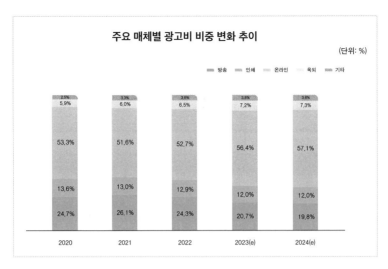

[표23] 주요 매체별 광고비 비중 변화 추이. 출처: 방송통신 광고 통계 시스템

다. 2024년의 최종 통계가 아직 나오지 않은 상태에서 나온 기록이
라 전체적인 비율은 좀 더 올라갈 것으로 예상됩니다. 옥외광고는 우
리가 길을 걸어가면서 만날 수 있는 광고판, 예컨대 빌딩 외부나 야
구장, 쇼핑몰에 있는 간판을 말하죠.

　이 분야의 광고가 계속 늘고 있다는 것은 사람들이 오프라인으
로 많이 이동하고 있다는 이야기입니다. 그러한 이동에 맞춰 노출을
늘리기 위해 옥외광고를 많이 설치하는 것이죠. 또한 이는 팝업 스토
어의 흥행과도 연결되는 조사 결과로 보입니다. 사람들이 전통적인
미디어에 안주하기보다 오프라인 공간에서 활동을 많이 한다는 의
미입니다. 이 옥외광고도 대부분이 디지털 스크린 형태로 만들어져
있습니다.

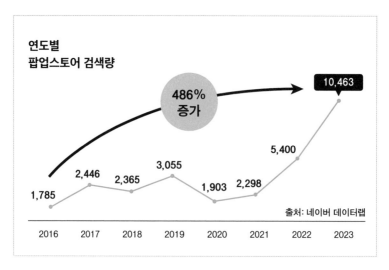

연도별
팝업스토어 검색량

486%
증가

10,463

5,400

3,055

2,446
2,365

2,298

1,903

1,785

출처: 네이버 데이터랩

2016  2017  2018  2019  2020  2021  2022  2023

[표24] 연도별 팝업 스토어 검색량. 출처: CEO&

　　그런데 광고주 입장에서는 어디서 어떤 활동을 하든, 어떻게 변화하든 사람들의 주목이 어디로 쏠리는지를 찾아서 거기에 광고하면 되거든요. 사람들이 주목하는 곳을 찾아가기만 하면 되는 것이죠. 그곳이 성수동이 된 것이고요. 이제 그 장소에서 사람들을 자신의 메시지로 끌어올 수 있는 거점, 즉 팝업 스토어가 필요하고, 그게 곧 IP인 것입니다.

　　팝업 스토어가 성공적으로 운영되고 있는지 알아보기 위해, 소셜 미디어에서 키워드 검색량을 많이 활용합니다. 네이버 데이터랩에서 '팝업 스토어'를 검색해보면, 2016년에 비해 2023년의 검색량이 486% 증가한 것을 알 수 있습니다. 이는 사람들이 팝업 스토어에 많은 관심을 가지고 있다는 걸 보여줍니다.

이렇게 팝업 스토어가 활성화한 배경에는 팝업 스토어 자체가 전문화된 측면도 존재합니다. 예를 들어, 팝업 스토어의 성과를 데이터로 보여주는 스타트업도 등장하고 있어요. 이들은 주로 검색량이 많은 지역이나 매출이 높은 장소 등을 데이터화해서 광고 산업처럼 그걸 기반으로 성과를 높이려 합니다.

제가 'IP가 미디어다'라는 아이디어를 떠올린 것은 PR와 마케팅에서 쓰는 트리플 미디어 개념이 출발점이었습니다. 트리플 미디어는 기업의 마케팅에서 사용하는 세 가지 종류의 미디어를 말합니다.

첫 번째는 페이드 미디어(Paid Media)로, 미디어에 돈을 내고 집행하는 광고입니다. 지상파 방송 등 전통적인 미디어는 기본적으로 페이드 미디어입니다. 기업은 돈을 내고 광고 시간이나 잡지 또는 신문의 지면 공간을 사는 방식이죠. 사실 기업의 광고비가 미디어의 수익 모델이라고 할 수 있습니다.

디지털 미디어 시대에는 기업이 온드 미디어(Owned Media)를 만들어야 했습니다. 홈페이지나 블로그, 여러 소셜 미디어 계정을 통해 자체 콘텐츠를 생산하는 방향으로 변화한 것입니다.

그런데 페이드 미디어와 온드 미디어를 활용하는 가장 중요한 이유는 그것이 소셜에서 바이럴될 가능성이 있기 때문입니다. 이렇게 바이럴을 통해 확산된 광고를 언드 미디어(Earned Media)라고 합니다. 소셜 미디어 시대에는 모든 사람이 자기 미디어를 가지고 있기 때문에 이들의 입소문이 무엇보다 중요합니다. 그들을 통해서 메시지가 확산할 수 있는 구조를 만들어야 한다는 것이죠.

우리가 마케팅을 하고 미디어를 잘 활용한다는 것은, 이 세 가지 미디어를 어떻게 잘 쓰느냐의 문제입니다. 사실 그건 콘텐츠 기업 입장에서도 마찬가지입니다. 콘텐츠 기업은 자신의 콘텐츠를 마케팅해야 하니까요.

이 개념을 IP에 적용하면, 슈퍼 IP 혹은 인기 있는 IP와 콜라보하는 것은 일종의 페이드 IP 전략입니다. 기업은 돈을 주고 슈퍼 IP 활용 권한을 사서 그 IP와 함께 사람들의 주목을 얻어 브랜드로 그러한 주목을 이전시키는 거죠. 그런데 페이드 IP 전략에는 몇 가지 맹점이 있습니다. 이것이 IP를 키워주는 일인지, 아니면 기업 마케팅에 도움이 되는 일인지 불확실할 수 있습니다. 또한 어떤 IP가 자사 상품과 맞을지 계속해서 탐색해야 합니다. 여기엔 그에 따른 비용이 발생하고요.

그렇다 보니 기업은 확산 범위에 제한이 있더라도 자신의 IP를 바탕으로 자기 목소리를 내고 색깔을 담보할 수 있는 IP를 확보 및 활용하는 게 더 좋은 전략이라고 생각하게 된 것 같습니다.

트리플 미디어 개념은 미디어의 발전 과정과 많이 연결되죠. 페이드 미디어는 전통적인 매체 시대, 온드 미디어는 인터넷 시대, 언드 미디어는 소셜 미디어 시대로 볼 수 있습니다. 이러한 진화를 거쳐 현재는 융합된 액체 미디어 시대에 진입했습니다. 한동안은 페이드 IP 중심의 콜라보 마케팅에서 점차 온드 IP 확산 방식으로 변화할 거라고 봅니다.

# 캐릭터 마케팅 사례를 통해 본 기업 IP 활용 전략의 변화

'IP'라고 할 때 가장 대표적인 것이 캐릭터 IP죠. 이 캐릭터 마케팅 사례를 통해 기업의 IP 활용 전략이 어떻게 변화했는지 살펴보겠습니다.

2023년 미국에서 가장 큰 인기를 끌었던 장난감은 바로 스누피였습니다. 물론 스누피는 예전부터 사랑받는 만화이자 장난감이었지만, 어떻게 갑자기 2023년에 다시 떠오를 수 있었을까요?

이 배경에는 수많은 인터넷 밈과 짤이 있습니다. 특히, 스누피의 명언은 Z세대에게 엄청난 바이럴 효과를 일으켰습니다. 몇몇 스누피 장난감이 온라인상에서 밈으로 퍼지며 인기를 끌었던 것도 중요한 요인이었죠.

Z세대가 열광한다고 하면 기업 마케팅에서는 콜라보해야 할 이유가 굉장히 커지죠. 기업 마케터들은 현재 어떤 IP가 어떤 집단에 집중적인 효과를 거두고 있는지 지속적으로 탐색하고, 이에 맞춰 마케팅 전략을 추진해야 합니다.

국내에서도 이런 사례를 살펴볼 수 있습니다.

IP를 키우는 전략에는 두 가지 주요한 방향이 존재합니다. 첫 번째는 기업과 관계없이 IP 자체를 성장시키는 방법입니다. 대표적인 예로 롯데 홈쇼핑의 '벨리곰'을 들 수 있습니다. 벨리곰은 롯데 홈쇼핑이라는 출처를 드러내지 않고, 그 자체로 독립적인 IP로 성장하고 있죠. 벨리곰이 성공적으로 성장하면, 롯데 홈쇼핑을 지원하는 강력한 우군이 될 수 있을 겁니다. 이러한 방식으로 자사의 색깔을 배제하고 IP 자체를 키워나가는 전략이 점점 더 확대되는 추세입니다.

하지만 저는 오히려 자사의 레거시를 활용하는 IP 전략이 더 많이 확산되는 중이라고 생각합니다. 그 대표적 사례가 오뚜기의 '옐로우즈'입니다. 오뚜기를 오래 접해온 사람들은 옐로우즈의 원형이 오뚜기 로고의 트레이드 마크에 있다는 걸 알 것입니다. 사실 이 전략은 진로이즈백에서 두꺼비 캐릭터를 소환하면서 시작되었다고 할 수 있습니다. 기존의 브랜드 자원을 캐릭터 IP로 진화시켜 확장하는 전략입니다.

캐릭터 브랜드 이미지와 연결된 IP의 장점은 이 IP의 성장이 브랜드 가치 제고에 기여할 수 있다는 것입니다. 따라서 앞서 언급한 두 가지 IP 전략은 방향은 다르지만 모두 활성화되고 있으며, 소셜 미디어에서 자기 채널과 IP의 성장 및 콘텐츠 확장을 동반하고 있다는 점도 주목할 만합니다.

그렇다 보니 디지털 마케터에게 IP를 키워내는 일이 매우 중요해졌습니다. 이제 디지털 마케팅 전문가들이 광고비 집행뿐만 아니라 다양한 능력을 갖추어야 하는 시대가 도래한 것이죠.

광고비를 집행할 좋은 매체를 선택하는 일에서부터 스스로 콘텐츠를 제작하는 일에 이르기까지, 그리고 소셜 미디어와 협력해 캐릭터를 키워야 하는 일까지 기업의 전략이 끊임없이 진화하는 중입니다. 저는 이러한 변화가 디지털 미디어 생태계를 더욱 풍성하게 만드는 과정이라고 생각합니다.

콘텐츠 IP는 팝업이라는 오프라인 공간 기반을 IP 기반의 미디어 공간으로 변모시키는 촉매 역할을 하고 있습니다. 이런 점에서 제가 'IP는 곧 미디어'라고 계속해서 강조하는 것입니다. 2024년과 2025년에도 계속 트렌드로 자리 잡을 팝업 스토어 붐은 IP 경험을 소셜 미디어로 확장하는 바이럴 거점 역할을 한다는 점에서 매우 중요합니다.

팝업 스토어에 방문하는 사람들의 수 자체만으로는 홍보 효과가 크지 않을 수도 있습니다. 그럼에도 팝업 스토어를 운영하는 이유는 그곳을 방문한 많은 사람이 자신의 경험을 소셜 미디어에 업로드하기 때문입니다. 즉, 팝업 스토어 자체가 아니라 팝업 스토어를 통해서 만들어지는 IP 경험이 소셜 미디어로 바이럴되어야 합니다. 그렇기 때문에 어떤 IP가 '나'와 관계가 있을 때 마케팅 효과는 극대화될 것이며, 이것이 많은 기업에서 자신의 IP를 키우려는 주된 이유입니다.

2024년과 2025년에 접어들면서, IP는 단순한 지식재산권이나 브랜드 이상의 의미를 갖게 되었습니다. 이제 IP는 미디어가 오랫동안 해왔던 역할을 맡아 사람과 사람을 연결하고, 브랜드 가치를 전달하는 중요한 매개체로 자리 잡았습니다.

# 새로운 IP VS. 레거시 IP

IP와 관련된 몇 가지 트렌드를 조금 더 언급하면서 논의를 이어가보도록 하겠습니다. 《디지털 미디어 인사이트》에서 주목하고 있는 IP 관련 트렌드 중 하나는 레거시 IP에 대한 이야기뿐만 아니라 새로운 IP가 급성장하고 있다는 것입니다. 예를 들어, 〈오징어 게임〉과 〈나 혼자만 레벨업〉은 글로벌 관점에서 새로운 IP로 자리매김하고 있습니다. 이는 새로운 IP가 슈퍼 IP로 성장할 수 있는 공간과 기회가 존재한다는 걸 의미합니다.

하지만 현실은 그리 녹록지 않죠. 한국 드라마가 넷플릭스를 통해 글로벌 콘텐츠로 성장한 것처럼 일본 애니메이션도 글로벌 시장에서 더 큰 도약을 이루고 있습니다. 게다가 이미 일본 애니메이션이 글로벌 시장에서 큰 성과를 거두었음에도, 최근에는 새로운 일본 IP 들이 넷플릭스 같은 글로벌 OTT 플랫폼을 통해 동시에 확산하며 과거와는 질적으로 다른 수준의 성장을 이뤄내고 있습니다.

가령 '원나블'이라는 표현이 있습니다. 이는 〈원피스〉〈나루토〉〈블리치〉를 지칭하는 말인데, 일본에서 오랫동안 인기를 끌고 있는 3대 애니메이션입니다. 그렇다 보니 "언제까지 원나블이야?" 하며 일본 애니메이션이 정체했다고 비아냥대는 경우가 종종 있었습니다. 그런데 〈원피스〉가 여전히 강력한 영향력을 발휘하고 있는 상태에서, 원나블을 대체할 만한 신조어들이 인터넷에 넘쳐나고 있습니다.

대표적인 예로 〈귀멸의 칼날〉〈주술 회전〉〈스파이 패밀리〉 등

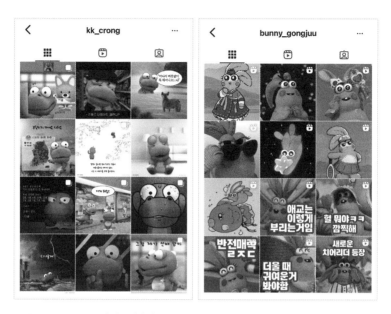

〈뽀롱뽀롱 뽀로로〉크롱의 신규 캐릭터 크크롱과 〈선물공룡 디보〉버니의 신규 캐릭터 버니공쥬

이 있는데, 이 작품들은 넷플릭스를 통해 실시간으로 스트리밍되는 순간마다 엄청난 팬덤을 끌어모으고 있습니다.

그래서 사실 한국이 만들어낸 슈퍼 IP가 이러한 기회를 함께 얻어낼 수 있을지 고민해야 합니다. 마치 시장은 비어 있고 우리에게만 기회가 올 것처럼 생각해서는 안 됩니다. 전통의 강자들이 슈퍼 IP로 확장하는 틈새에서 우리도 생존 전략을 강구해야 합니다.

한국에서는 이제 레거시를 되살리는 전략이 본격화하고 있습니다. 이 흐름은 매우 중요하다고 생각하는데, 이와 관련해 두 가지 사례를 소개합니다. 엄청나게 성공한 사례라기보다는 흥미로운 사례입니다.

첫 번째는 잔망루피입니다. 뽀로로 친구죠. 〈뽀롱뽀롱 뽀로로〉는 이제 20년 넘은 IP가 되었고, 이 뽀로로를 보고 자란 세대가 벌써 성인으로 성장했습니다. 어떻게 하면 이들의 추억을 공략할 수 있을까라는 고민 끝에 나온 것이 잔망루피였지요. 잔망루피가 뽀로로보다 더 인기를 끌게 되자, 이와 같은 후보군을 발굴하려는 노력이 여기저기에서 나타나기 시작했습니다.

뽀로로 제작사 아이코닉스는 크롱을 새로운 IP로 키우기 시작했는데요, 물론 크롱이 잔망루피처럼 큰 인기를 얻을지는 미지수이지만, 크롱만의 매력이 있기 때문에 어느 정도 가능성이 있다고 봅니다.

또 다른 사례는 오콘이 만든 애니메이션 〈선물공룡 디보〉에 등장하는 버니 캐릭터입니다. '2024년 캐릭터 라이선싱 페어'에서 오콘은 이 버니 캐릭터를 어른들을 위해 선보였습니다. 어린 시절의 추억을 가진 어른들을 타깃으로 새로운 IP 자원을 발굴하려는 시도였죠. (공교롭게도 오콘과 아이코닉스는 모두 뽀로로의 공동 IP 권리자이기도 합니다.)

물론 인위적으로 발굴한 캐릭터가 얼마나 큰 파워를 가질지 의문을 제기할 수도 있습니다. 하지만 잔망루피가 단순히 인터넷 밈으로만 남았다면 지금의 IP로 성장할 수 있었을까 하는 질문도 필요합니다. 과거의 레거시를 살려내는 IP 전략 자체가 잔망루피를 통해 패턴화되었고, 그 패턴을 다른 IP에 적용하는 실험이 이어지고 있습니다. 한국에서도 레거시 IP가 살아나서 성장해나가는 경험을 하고 있는 것입니다. 이러한 경험이 축적되어 또 다른 폭발력을 가진 IP의 성장으로 이어지길 기대합니다.

# AI를 통한 레거시 IP의 확장

이번 《디지털 미디어 인사이트 2025》를 관통하는 핵심 주제는 AI인데요, IP 관점에서 AI는 레거시 IP의 확장에 분명히 기여할 부분이 있다고 생각합니다. 현재 이런 시도를 하는 작가는 우리에게 까치와 엄지로 유명한 이현세입니다. 이현세 작가는 재담미디어, 라이언로켓과 손잡고 '이현세 AI 프로젝트'를 시작했습니다. 작업은 투 트랙으로 진행되고 있는데, 이현세의 과거·현재·미래의 화풍을 AI에 학습시키는 것, 또 AI를 통해 《고교 외인부대》(1984)와 《카론의 새벽》(1994)을 리메이크(리부트)하는 것입니다.

까치라는 캐릭터를 기억하는 세대는 이제 상당히 나이가 들었습니다. 그러나 그들에게 이현세 작가의 작품은 여전히 큰 힘을 지니고 있으며, 강력한 IP 파워를 가지고 있다고 할 수 있습니다. AI가 할 수 있는 일은 이현세 작가의 작품을 새로운 시대에 맞게 재탄생시키는 일인 것 같아요. 그런데 이런 작업과 관련해 어떤 방식으로 확장시킬지는 나라마다 전략이 다릅니다.

미국에서는 새로운 작가들이 다양한 스타일로 그림을 그리며 IP를 확장해왔습니다. 대표적인 예로 마블과 DC코믹스가 있습니다. 거기에는 수많은 버전의 '아이언맨'이 존재합니다. 같은 캐릭터지만 매번 다른 그림으로 표현하는 것이 마블의 전략이죠.

반면, 일본은 작가가 만화를 계속 그리게끔 하는 전략을 취하고 있습니다. 아직도 〈원피스〉의 작가는 그림을 그리고 있으며, 작가가 작업을 멈추면 작품도 멈춥니다. 이것이 일본식 IP 확장 방식입니다. 그런데 최근 일본에서도 〈드래곤볼〉이 새로운 작가에 의해 이어지고 있어요. 화풍은 유지하면서 IP를 살려내기로 한 것입니다.

한국에서는 한 작가가 여러 새로운 작품을 많이 그리는 방식이 주류였습니다. 이는 한국인의 정서에 맞는 전략일 수도 있습니다. 아직까지 한국에서는 기존의 레거시 IP를 어떻게 살려내서 생명력을 길게 이어갈지에 대한 모델이 확립되지 않았습니다. 이현세 작가의 캐릭터 자원을 AI를 통해 확장하려는 시도가 한국형 레거시 IP 살리기 전략의 하나로 자리 잡을 수 있지 않을까 기대해봅니다. 이는 AI가 이현세 작가 스타일로 작품을 찍어낸다는 의미가 아닙니다. 실제 작품을 만드는 과정은 AI의 도움으로 '이현세다운' 감성을 유지하되 많은 작업자의 노동을 투입해 이루어지고 있지요.

## 한국형 콘텐츠 IP의 성장과 AI의 역할

한국형 콘텐츠 IP의 성장을 위해 AI가 기여할 수 있는 부분이 있을까요? 저는 분명히 있다고 생각합니다. 먼저 모달리티(modality) 전환에서 AI가 중요한 역할을 할 수 있습니다. 예를 들어, 2D 그림을 3D 모델링으로 변환하거나 롱폼 콘텐츠를 숏폼으로 편집하는 작업 등에서 AI는 큰 도움을 줄 수 있죠. 이러한 기술은 콘텐츠 확장에 분명 유용할 것입니다. 이는 혼자서도 저렴한 비용으로 가능해지는 일이 늘어난다는 것을 의미합니다. 예를 들어, 웹툰 작가가 자신의 작품을 릴스나 쇼츠로 만들어 바이럴 효과를 높일 수 있습니다.

그리고 더 많은 파트너와 협력하는 것이 콘텐츠 IP 성장에 중요한데, 글로벌 협업과 분야별 전문가와의 교류를 생각해보면 번역과 통역이 필요합니다. 이 부분에서도 AI가 큰 도움을 줄 수 있을 것입니다.

같은 비전을 공유하고 콘텐츠에 대한 이미지를 전달하는 데서도 AI는 프로토타입을 통해 방향성을 제시하며 교류를 촉진할 수 있고요. 기획 및 협업 단계에서도 AI가 도움을 줄 수 있습니다.

또 팬덤이 참여하면서 IP가 성장한다는 점에서는 팬덤에게 놀이의 기회를 만들어 주는, 예를 들면 웹툰 필터나 대화형 챗봇 등을 제공하는 데 AI가 기여할 부분이 있다고 생각합니다.

AI 활용에서 고민되는 지점은 창작자나 사업자들이 다시 각자 알아서, 혼자 일하기 위해 하려는 경향이 강해질지 모른다는 우려입니다. AI 기술을 각자 알아서, 혼자 일하기 위해 사용하는 도구로만 활용한다면, 소수 IP의 적정 범위 성장에는 기여할 수 있을지 몰라도 한국이 풀어야 할 슈퍼 IP의 성장에는 도움을 주지 못할 것입니다. 다양한 협력과 개방적인 접근이 필요하다는 뜻이죠.

우리는 그동안 씨를 뿌리고 묘목을 키우는 일에만 집중해왔어요. 각각의 나무 한 그루를 잘 키우는 데에만 많은 에너지를 쏟았던 것 같고요. 그러면서 "내 나무 멋지죠"라는 이야기를 계속해왔지만, 이제는 그 나무들이 모여 숲을 이루도록 한국형 슈퍼 IP 생태계를 성장시켜나가야 할 것입니다.

IP의 가치에 대한 인식이 많이 변화하고 있는 것은 한국에 분명 좋은 기회라고 생각합니다. 하지만 이것이 단순히 유행하는 캐릭터 마케팅으로만 끝나서는 안 됩니다. 애써 만든 캐릭터가 몇 년 지나면 흐지부지 사라지는 그런 유행이 되어서는 안 되겠죠.

무엇보다도 생태계란 그 안에 수많은 구성원이 존재한다는 의미입니다. 현장에서 어떤 전문성이 필요한지 발견하고 그런 전문성을 갖춘 인재를 발굴하려는 노력이 더욱더 요구됩니다. 이런 노력들이 2025년의 현장에서 치열하게 이루어지길 기대해봅니다.

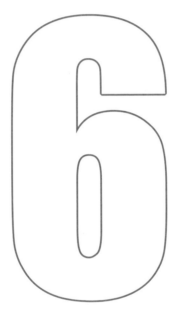

# 게임 업계의 레이오프와
# 이로 인해 벌어지는 지각 변화

코로나19로 집에만 있던 사람들은 게임에
심취했습니다. 덕분에 게임 시장도 엄청나게
커졌죠. 하지만 코로나19 버블이 터지면서
현재 게임 업계에는 역대급 해고 바람이 불고
있습니다. 이로 인해 게임 업계의 토대를
흔드는 다양한 지각 변화가 벌어지고 있습니다.
노조가 결성되고, 플랫폼 수수료에 대한
저항이 가시화되고, AI 활용에 대한 경영진의
니즈가 더 커졌죠. AI 활용에 대한 노동자의
우려도 같은 비율로 커졌고요.
디지털 세계에서 한 축을 이루는 게임 업계의
흐름을 통해 디지털의 변화와 맥을 함께
짚어보도록 하겠습니다.

LIM SANG HOON

임상훈 저자의 강의를 직접 들어보세요.

**임상훈**  디스이즈게임 대표

게임과 미디어를 아우르는 폭넓은 시각을 가진 게임 전문가다. 신문사 게임 담당 기자를 거쳐 2005년 게임 전문 매체를 창간했다. 한국 온라인 게임의 여명기인 1999년부터 국내외 게임사와 업계 인사들의 부침을 가까이서 지켜봐왔다. 이러한 경험을 통해 하이프(설레발)를 경계하게 됐으며, 게임 산업의 변곡점과 지속가능성에 깊은 관심을 기울이고 있다. 현재는 글로벌 시장에서 두각을 나타내는 게임사들과 게임 생태계 동향을 집중 조명하고 있다. 유튜브 채널 '중년게이머 김실장'과 '깨쓰통 대폭발'을 운영하며, 2016년부터 게임스컴 어워드 심사위원으로 활동 중이다.

## 대규모 레이오프는 게임 산업의 붕괴 신호?

《디지털 미디어 인사이트 2025》에서 말씀드릴 게임에 관한 첫 번째 주제는 정리 해고 및 노조화와 관련된 것입니다. 이런 현상이 왜 지금 발생하고 있으며, 앞으로 어떤 일이 벌어질지 논의해보려 합니다.

현재 미국에서는 '대규모 정리 해고(Mass Lay-off)'라는 표현이 많이 쓰이고 있습니다. 이는 과거에는 경험하지 못했던 일이죠. 1990년대 이후로 게임 신(Scene)은 계속해서 발전해왔기 때문이에요. 개별 게임 업체나 플랫폼 단위에서는 등락이 있었지만, 전체적인 게임 산업은 지속적으로 성장했고 게임 산업에 종사하는 사람들의 수도 계속 늘어났습니다.

그런데 갑자기 2022년과 2023년 그리고 2024년 들어 회사를 떠나는 사람이 많아지고 있어요. 미국 게임 신에서는 이를 '1983년 미국 게임 산업 붕괴'(video game crash of 1983, 일명 '아타리 쇼크') 수준으로 생각하는 사람도 적지 않습니다. 저도 게임 시장에 25년을 몸담았지만 이런 현상은 본 적이 없습니다.

2012년쯤에는 국내 게임 업계에도 큰 어려움이 있었습니다. 당시는 모바일 게임이 막 나오던 시기였죠. 게다가 역대 최고의 히트 게임이라 할 수 있는 리그 오브 레전드(League of Legends)가 게임 신을 장악하는 바람에 PC 게임을 주로 만들던 우리나라 게임 회사들이 어려움을 겪었습니다. NC소프트와 네오위즈가 구조 조정을 할 정도였죠. 다행히 그때는 모바일 게임 신의 규모가 커지면서 무난하게 위기를 넘길 수 있었습니다. 그런데 최근의 상황은 다릅니다. 국내외를 막론하고 공통적으로 발생하고 있고 그 강도와 여파가 훨씬 강력하죠.

2024년 1월 마이크로소프트는 블리자드와 엑스박스 등의 게임 사업부 직원 1,900명을 해고했습니다. 이는 액티비전 블리자드를 인수한 지 3개월 만에 이뤄진 결정으로, 해고 대상자 중에는 블리자드의 공동 창업자이자 디자인 리더인 앨런 애덤(Allen Adham), 마이크 이바라(Mike Ybarra) 블리자드 엔터테인먼트 CEO도 포함됐습니다. 그리고 2월에는 소니에서 플레이스테이션(PS) 사업부 직원 약 900명을 해고했습니다. 이는 전 세계 직원 수의 약 8%에 해당하는 규모입니다.

그러니까 세계에서 가장 잘나가는 게임을 만드는 회사들에서도 이런 현상이 벌어지고 있는 것입니다.

미국 상황을 좀 더 살펴보면, EA에서는 엔터테인먼트와 스포츠 부문에서 670명이 퇴사한 것으로 알려졌습니다. 에픽게임즈(Epic Games)에서는 870명이 회사를 떠났고, 'GTA' 시리즈로 유명한 테이크-투 인터랙티브(Take-Two Interactive)에서도 600여 명이 퇴사했습니다. 라이엇게임즈(Riot Games)에서는 전체 직원의 11%에 해당하는 530명이 회사를 떠났고요. 게임 산업에 본격적으로 진출하려던 아마존도 게임사업부에서 100명 이상을 정리 해고했습니다. 그리고 포켓몬고를 개발한 나이앤틱(Niantic)에서도 230명이 회사를 떠났습니다.

유럽의 상황도 다르지 않습니다. 폴란드의 게임 개발사 및 배급사 'CD 프로젝트'에서는 100여 명이 퇴사했습니다. 그리고 유럽 최대 게임 회사 엠브레이서 그룹(Embracer Group)은 코로나19 시기에 많은 게임 회사를 인수했던 곳인데, 무려 4,532명이 직장을 떠났습니다. 이 회사는 결국 경영난 때문에 3개의 독립 법인으로 분리되었죠. 프랑스의 유비소프트(Ubisoft)도 많은 인원을 퇴직시키고, 우리나라에서 22년 동안 운영해온 유비소프트코리아를 비롯해 많은 해외 지사를 폐쇄했습니다. 아마존 산하의 인터넷 방송 플랫폼 트위치(Twitch)도 우리나라에서 서비스를 중단했죠. 트위치에서는 2023년과 2024년 무려 1,000여 명이 해고된 것으로 알려졌습니다.

이 정도로 많은 인원이 퇴사하자, 이를 정리하는 사이트들이 생겨나고 있는데요, 이 자료에 따르면 세계 주요 국가에서 2022년 8,800명, 2023년 1만 500명이 정리 해고된 것으로 나타났습니다. 그리고 2024년 전반기까지 이미 1만 800명이 정리 해고된 상황입니다

전 세계적으로 이러한 추세는 계속해서 상승 곡선을 그릴 것으로 예상됩니다. 따라서 많은 전문가들, 특히 게임 업계에 종사하는 많은 사람이 이에 대해 큰 우려를 표하고 있습니다. 앞으로 어떤 일이 벌어질지 불안감이 커지고 있는 것이죠. 코로나19가 끝난 직후 정리 해고되는 사람이 많았지만, 지금 게임 시장에서는 그때보다 2배 정도 많은 직원이 해고된 것으로 보고 있습니다. 정확한 데이터는 아니지만 전체의 9% 정도가 퇴사했다는 주장도 있습니다.


## 중국과 한국 게임 시장의 레이오프 현상

세계 게임 시장에서 미국과 함께 가장 큰 게임 신을 보유한 나라가 중국이죠. 중국은 게임 수출도 굉장히 많이 하는 나라입니다. 그런데 2023년 통계를 살펴보면, 전년도에 비해 1만 명 이상의 인원이 게임 회사를 떠난 것으로 나타나고 있습니다.

이런 인력 감소가 정리 해고인지 아닌지는 명확하지 않지만, 전문가들이 정리 해고일 거라고 추측하는 데는 그럴 만한 이유가 있습니다. 현재 중국의 게임 산업 역시 투자가 굉장히 위축되고 있는 상황이거든요. 그러다 보니 새로운 회사가 생겨 사람들이 그쪽으로 이동하는 현상은 일어나지 않을 테고, 중국 경제 자체가 어려운 처지이기 때문에 자발적인 퇴사자도 많지 않을 것입니다. 게다가 만약 A 회사에서 B 회사로 옮겼다면 통계상으로는 같은 인원이므로, 수치 변동이 있다는 것은 실제로는 1만 명 이상이 정리 해고됐다고 보는 게 정확할 것입니다.

2023년 11월에는 틱톡을 만든 바이트댄스(ByteDance)의 게임 부문에서도 많은 사람이 회사를 떠났습니다. 2024년 1분기에는 텐센트(Tencent)에서도 약 670명이 퇴사했고요. 제가 2024년 7월 중국에서 열리는 가장 큰 게임쇼인 차이나조이를 방문했을 때, 퍼펙트월드라는 대형 게임 회사에서 몇천 명이 퇴사하는 일이 벌어져 큰 이슈가 되기도 했습니다.

이처럼 중국에서도 정리 해고가 큰 문제로 대두되고 있지만, 다른 산업과 달리 미니 게임이 성공하면서 대량 실직 사태를 어느 정도 막아주는 역할을 하고 있습니다. 이는 중국 게임 신의 독특한 점이라고 볼 수 있죠.

우리나라에서도 비슷한 상황이 벌어지고 있습니다. 2024년 1월부터 NC소프트, 넷마블, 컴투스, 데브시스터즈가 모두 정리 해고 또는 구조 조정을 발표했습니다. 2023년 이후 데브시스터즈는 직원의 27%, 즉 104명이 회사를 떠났습니다. 크래프톤도 약 10%, 즉 184명이 회사를 떠났고요. 넷마블, 컴투스, 펄어비스는 각각 5% 정도의 인원을 줄였으며, 라인게임즈는 10% 후반대의 인원을 감축했습니다.

NC소프트는 약 10%를 목표로 구조 조정을 진행 중이며, 카카오게임즈는 비핵심 분야를 정리하겠다고 발표했습니다. 이는 비핵심 분야에서 일하는 직원을 해고할 거라는 걸 의미하죠. 엑셀게임즈는 희망 퇴직을 받기 시작했고, 스마일게이트는 스페인에 설립한 대형 스튜디오를 4년 만에 폐쇄했습니다.

이런 일이 계속 발생하면서 게임 시장에서도 특이한 현상이 나타나고 있습니다. 법조계 출신 대표가 늘어나고 있는 것이죠. NC소프트는 김앤장 변호사 출신으로 구조 조정 전문가인 박병무 공동대표를 선임했습니다. 라인게임즈는 판사 출신 박성민 대표를 선임했는데, 이분 또한 구조 조정에 능숙한 것으로 알려져 있습니다. 넷마블은 삼성물산의 법무팀 변호사 출신 김병규 대표 체제로 바뀌었고요.

이런 현상은 한국 게임 업계에서도 정리 해고와 구조 조정 같은 일이 계속 벌어지고 있음을 시사합니다. 하지만 이는 단순히 정리 해고만의 문제가 아닙니다.

## 코로나19 시기에 급격히 올라간 인건비

해고 문제뿐만 아니라 스튜디오를 폐쇄하고 프로젝트를 중단하는 일이 빈번하게 발생하고 있습니다. 2023년 미국에서는 약 30개의 게임 스튜디오가 문을 닫았습니다. 또한 유럽의 엠브레이서 그룹에서는 4,000명 넘는 인원이 퇴사하면서 80개 이상의 프로젝트가 종료되었습니다. 현재 많은 회사가 새로운 게임의 개발을 포기하고 다른 비즈니스로 전환하고 있는데, 이러한 피봇 현상은 게임 업계의 어려움을 반영합니다.

미국과 중국에서 1만 명에 달하는 인원을 해고한 것이 이슈화되고 있지만, 이는 빙산의 일각일 뿐이라고 전문가들은 추정합니다. 공식적으로 발표된 데이터에 불과할 뿐이라는 것이죠. 대형 회사들은 자료를 공개하지만, 소규모 회사들은 소리 소문 없이 사라지기도 하죠. 2024년 8월 게임스컴 기간 동안 제가 만난 3개의 한국 게임 회사 중 한 곳은 직원이 70명에서 50명으로 줄었고, 다른 한 곳은 30명에서 3명으로 대폭 감소했습니다. 또 다른 한 곳은 130명에서 40명으로 축소되었고요. 이런 것은 미디어에도 잘 나오지 않고, 직접 물어보지 않으면 알기 어려운 내용입니다. 요컨대 작은 회사들의 상황은 훨씬 더 나쁘다는 겁니다.

왜 이런 일이 벌어질까요? 기본적으로 코로나19 이후의 상황을 살펴봐야 합니다. 팬데믹 시기인 2019년부터 2021년까지 게임 산업은 계속 성장해왔습니다. 그러나 2022년에 들어서면서 성장이 둔화하기 시작했고, 2023년에는 그 추세가 더욱 악화했죠.

중국의 경우를 보면, 꾸준히 증가하던 게임 수출이 2022년부터 감소하기 시작해 2023년에는 감소 폭이 훨씬 커졌습니다. 한국 게임 시장도 2023년에 마이너스 11% 성장을 기록했습니다. 우리나라는 지난 2012년 게임 업계가 곤경에 처한 적이 있는데, 그 다음 해인 2013년에 게임 시장이 마이너스 0.3% 성장을 했죠. 그러니까 10년 만에 엄청난 규모로 시장이 줄어들고 있는 것입니다.

이는 결국 개별 게임 회사들의 매출이 급감하고 있다는 걸 뜻합니다. 잘 알려졌다시피 팬데믹 동안 일종의 버블이 형성되었고, 이로 인해 게임 업계에서도 많은 인력을 채용하고 임금을 대폭 인상했습니다.

2021년에는 릴레이하듯 연봉을 올렸습니다. 신입 사원의 연봉도 크게 상승했죠. 왜 이런 일이 벌어졌을까요? 당시에는 재택근무가 일반적이었습니다. 제가 알고 있는 한 게임 회사에서는 직원의 약 20%가 회사를 떠났다고 합니다. 그 이유는 재택근무 덕분에 미국의 유명 기업에서 일하기가 훨씬 쉬워졌기 때문입니다. 애플, 구글, 넷플릭스 같은 잘나가는 회사에서 개발자 수요가 늘어나자 한국 프로그래머들이 높은 임금을 제시하는 이들 기업에 재택근무로 취업할 수 있었던 거죠.

당시는 '네카라쿠배당토(네이버·카카오·라인·쿠팡·배달의민족·당근·토스)'라는 표현이 유행하던 시기였어요. 이들 기업에서 계속 인재를 채용하고 스타트업에 가까운 회사도 많았기 때문에 성공하면 스톡옵션 등의 혜택을 받을 수 있었습니다. 그래서 많은 프로그래머가 이쪽으로 이동했죠. 결과적으로 게임 회사는 인력 부족 상황에 처했고, 다른 곳에 맞춰 임금을 인상하며 프로젝트를 진행하기 위해 더 많은 사람을 고용했습니다.

한국의 8대 게임 대기업을 보면, 2019년에서 2023년 사이에 직원 수가 44.4%나 증가했어요. 임금으로 지불된 비용은 무려 76.3%가 올랐고요. 게임 회사에서 인건비는 전체 비용의 약 50%를 차지합니다. 결국 게임을 만드는 것은 사람이니까요. 고정비용인 인건비가 4년 사이에 70% 이상 증가한 것입니다. 2023년 이후 매출은 감소하고 이렇게 엄청나게 늘어난 고정비가 게임 회사들을 압박하고 있는 상황이죠.

# 사우디 자금 투자와 M&A의 위험성

또한 당시는 인수합병이 활발하게 이루어지던 때였습니다. 마이크로소프트가 액티비전 블리자드를 인수한 것도 바로 이 시기의 일입니다. 2020년부터 2024년 사이에 발생한 인수합병 사례를 살펴보면, 전체 게임 시장에서 역대 최고 비용을 기록한 22건 중 16건이 이때 이루어졌습니다. 마이크로소프트, 액티비전, 테이크투, 텐센트 같은 빅테크 기업들이 엄청난 규모의 인수합병을 주도했죠.

더불어 사우디의 자금이 게임 산업에 유입되었습니다. 사우디 국부 펀드와 사비 게이밍 그룹(Savvy Gaming Group)에서 적극적으로 투자를 했지요. 우리나라의 넥슨도 1조 2,000억 원 이상의 투자를 받았고, NC소프트 역시 6,000억 원 넘는 자금을 유치했습니다. 한편, 구조 조정을 대대적으로 단행했던 스웨덴 게임 회사 엠브레이서 그룹도 사우디의 투자를 받아 M&A를 진행했습니다. 그러나 현재 엠브레이서 그룹은 어려움을 겪고 있는데, 이는 사우디 국부 펀드와 사비 게이밍이 더 이상 이 기업에 투자하지 않기로 결정했기 때문입니다.

M&A는 양날의 검입니다. 인수합병을 하려면 자금이 필요하죠. 그래서 회사 내부의 현금을 사용하거나 은행에서 빌려야 하는데, 그러면 당장 현금이 부족해지고 이자 부담도 생깁니다. 또 두 회사가 합쳐지면 중복되는 분야가 생기기 마련이고, 이는 구조 조정으로 이어집니다. 이렇게 M&A는 또 다른 구조 조정을 낳는 악순환을 초래

## M&A with deal value of at least US$1 billion [ edit ]

| Acquirer | Target | Year | Deal value (US$) |
|---|---|---|---|
| Microsoft | Activison Blizzard | 2023 | 75,400,000,000 |
| Activision | Vivendi Games | 2008 | 18,900,000,000 |
| Take-Two Interactive | Zynga | 2022 | 12,700,000,000 |
| Tencent | Supercell (81.4%) | 2016 | 8,600,000,000 |
| Microsoft | ZeniMax Media | 2021 | 8,100,000,000 |
| Activision Blizzard | King | 2016 | 5,900,000,000 |
| Savvy Games Group | Scopely | 2023 | 4,900,000,000 |
| ByteDance | Moonton | 2021 | 4,000,000,000 |
| Sony interactive Entertainment | Bungie | 2022 | 3,700,000,000 |
| EQT | Keywords Studios | 2024 | 2,390,000,000 |
| Microsoft | Mojang | 2014 | 2,500,000,000 |
| Electronic Arts | Glu Mobile | 2021 | 2,400,000,000 |
| Facebook | Oculus VR | 2014 | 2,000,000,000 |
| Zynga | Peak | 2020 | 1,800,000,000 |
| Bandai | Namco | 2005 | 1,700,000,000 |
| Tencent | Leyou | 2020 | 1,500,000,000 |
| Savvy Games Group | ESL, FACEIT | 2022 | 1,500,000,000 |
| Electronic Arts | Playdemic | 2021 | 1,400,000,000 |
| Embracer Group | Gearbox Software | 2021 | 1,300,000,000 |
| Tencent | Sumo Group | 2021 | 1,270,000,000 |
| Electronic Arts | Codemasters | 2020 | 1,200,000,000 |
| Scopely | GSN Games | 2021 | 1,000,000,000 |

[표25] 거래 가치 10억 달러 이상의 게임 회사 M&A. 출처: 위키피디아

합니다.

그렇다면 왜 게임 회사들은 이런 상황을 예측하지 못했을까요? 왜 이렇게 무모하게 인력을 채용하고 인건비를 높였을까요? 시간을 2022년으로 돌려보겠습니다. 당시 유행하던 단어들이 있었죠. '메타

버스'와 '뉴 노멀'. 다들 들어보셨을 겁니다. 페이스북이 회사 이름을 메타로 바꿀 정도로 메타버스 열풍이 강하게 불었습니다. 하지만 페이스북의 VR나 AR 프로젝트는 생각만큼 큰 성과를 거두지 못했습니다. 대신 포트나이트, 로블록스, 마인크래프트 같은 게임이 엄청난 성공을 거두었죠.

사람들은 메타버스가 게임에서 통할 거라고 생각했습니다. 그리고 코로나19가 종식되어도 메타버스에서 놀던 사람들은 이미 그 세상에 익숙해졌기 때문에 재미를 느끼고 네트워크를 형성하며 계속 머물 것이라고 생각했죠. 그래서 게임 기업들은 인력을 채용하고 투자를 늘리며 인수합병을 진행했던 겁니다.

하지만 지금 상황은 어떨까요? 우리는 여전히 메타버스를 이야기하지만 규모 있게 성장하는 새로운 메타버스는 없습니다. 뉴 노멀은 어떤가요? 많은 것이 다시 코로나 전으로 돌아가는 추세입니다. 게임 이용자 수를 통해서도 이를 알 수 있죠. 한국콘텐츠진흥원의 자료에 따르면, 2022년에 74.4%의 한국인이 게임을 했는데 2023년에는 그 비율이 62.9%로 줄어들었습니다.


## 엔데믹과 인플레이션이 게임에 불러온 위기


코로나19 이후 사람들은 일상으로 돌아갔습니다. 게임 말고도 다른 할 것들이 많아졌죠. 팬데믹 시기에는 굉장히 간단한 하이퍼 캐주얼 게임이 유행했는데, 이런 게임의 성장률이 급격히 줄어들었습니다. 게임을 하지 않던 사람들도 코로나19 시기에 간단하고 재미있게 금방금방 할 수 있는 게임을 즐겼는데, 엔데믹 이후 이들이 이탈하면서 캐주얼 게임의 성장률이 감소한 것입니다.

대신 원래부터 열성적이던 게이머들, 특히 콘솔 게임을 즐기던 유저들은 여전히 게임을 하고 있습니다. 이 부분은 코로나19 시기에 게임의 수준이 높아지면서 지금도 조금씩 성장하는 중입니다.

인플레이션으로 인한 생활고는 게임에 또 다른 악재가 되었습니다. 물가가 올라가고 생활이 어려워지면서 사람들이 OTT 서비스를 해지하고 있죠. 절약을 위해 하나의 OTT 서비스에 집중하는 경향이 나타나고 있습니다. 또 알뜰폰 가입자 수가 급격히 늘어나는 등 고정비를 낮추려는 노력이 이어지고 있습니다.

고금리 상황에서 사과 하나를 사는 데도 주저하는 사람이 늘고 있죠. 생계와 직접적인 관련이 없더라도 이런 심리가 널리 퍼지고 있습니다. 그렇다면 게임 산업은 어떻게 될까요? 코어 게이머라면 계속해서 게임을 하겠지만 라이트 게이머, 특히 지불 여력이 적은 유저는 게임 대신 유튜브 등으로 이동할 것입니다. 유튜브는 무료이고 짧은 영상 콘텐츠를 쉽게 즐길 수 있기 때문이죠. 결국 게임 이용 시간이 줄어드는 겁니다.

그런데 이는 게임 유저 전체가 감소했다기보다 코로나19 시기에 새롭게 유입된 일부 사용자가 떠난 것이라고 보는 게 맞습니다. 특히 20대와 30대 여성의 경우, 게임 말고 다른 곳으로 시선을 돌렸죠. 여기서 추가적인 게임 매출 하락과 연관된 문제가 또 발생합니다. 이 여성들의 주요 소비처가 상점과 음식점인데, 물가가 오르고 경기가 부진해져 예전 같은 소비를 할 수 없게 되겠죠.

우리가 흔히 '린저씨'라고 부르는, 리니지 라이크 게임을 하는 고과금 유저는 보통 상점이나 음식점을 여럿 운영하는 분이 많거든요. 돈을 충분히 벌고 시간 여유가 있다 보니 짬짬이 리니지 라이크 같은 게임을 하는 겁니다. 게임에 과금을 많이 하고요. 그런데 이들의 수입이 줄어들면서 예전과 같은 과금력을 보여주지 못하는 거예요. 리니지 라이크에 쓰는 돈이 줄어들 수밖에 없는 거죠. 이런 현상이 지금 게임 업계에서 발생하고 있습니다.

## 게임 개발비의 급증과 그 영향

온라인 게임과 달리 콘솔 게임은 코로나19 이후에도 유저가 증가하고 있습니다. 그런데 문제는 콘솔 게임 유저들이 계속해서 좋은 게임을 접하면서 기대치 또한 높아졌다는 점입니다. 결국 게임 회사들은 높아진 눈높이에 맞추기 위해 개발비를 늘릴 수밖에 없었죠. 특히 트리플 A라고 불리는 대형 게임들의 경우, 개발비가 통제 불능 상태에 이르렀습니다.

영국의 CMA(Competition and Markets Authority, 경쟁시장국)에서 마이크로소프트의 독점 문제를 조사하던 중 이런 현상을 파악했습니다.

마이크로소프트가 액티비전 블리자드를 인수하는 과정에서 게임 퍼블리셔들에게 향후 비용에 대해 물어보았더니, 제작비와 마케팅 비용을 포함한 개발비가 대부분 2억 달러를 넘을 것이라고 답했습니다. 한화로 약 2,660억 원에 해당합니다. 그뿐만 아니라 한 스튜디오는 10억 달러, 즉 한화로 약 1조 3,300억 원 넘는 금액이 들 거라고 답하기도 했습니다.

2023년 11월에 출시된 '콜 오브 듀티: 모던 워페어 3'의 경우 이미 3억 달러 이상의 비용이 들어갔습니다. 이런 현상이 발생하는 이유는 콘솔 게이머들의 눈높이가 높아진 것뿐만 아니라, 리스크도 커졌기 때문입니다. 게임이 실패하면 큰 손실을 입게 되므로 마케팅 비용을 많이 투입하게 된 거죠. 현재 개발비와 마케팅 비용은 거의 5 대 5 수준입니다. 앞으로도 개발비가 늘어나는 현상은 계속될 것으로 보이며, 비용이 늘면 늘었지 줄어들 것 같지는 않습니다.

5년 전만 해도 트리플 A 게임을 만드는 데 드는 비용은 5,000만 달러에서 1억 5,000만 달러였는데, 이제는 2억 달러, 3억 달러, 나아가 10억 달러 이상 되는 게임이 등장할 날도 멀지 않았습니다. 결국 게임 회사들은 늘어나는 비용 문제를 해결하기 위해 인력을 감축하는 상황에 직면했고, 이것이 정리해고가 연달아 일어나는 상황으로 이어진 거죠.

# 라이브 서비스 게임의 위험

엄청난 비용이 들어가는 대형 게임이 아닌, 라이브 서비스 게임에 관심을 갖는 회사들도 생겼습니다. 라이브 서비스 게임이란 지속적으로 서비스를 제공하는 온라인 게임으로, 흔히 GaaS(Games as a Service)라고 불립니다. 이러한 형태가 미래의 게임이라고 각광받기도 했죠.

마이크로소프트가 액티비전 블리자드를 인수하던 시기에 소니는 향후 12개의 라이브 서비스 게임을 개발하겠다고 발표했습니다. 텐센트나 넷이즈 같은 중국 게임 회사들이 라이브 서비스 게임을 통해 안정적이고 지속적인 수익을 올리고 있는 걸 보고 이를 벤치마킹하려 한 것이지요. 마이크로소프트가 플랫폼 비즈니스를 지속하려는 이유도 매달 꾸준한 수익을 얻기 위해서죠.

그러나 이게 쉬운 일일까요? 월드 오브 워크래프트(World of Warcraft, WoW)라는 게임을 아시죠? 이 미국산 MMORPG는 우리나라뿐만 아니라 전 세계적으로 큰 인기를 끌었습니다. 이를 본 미국 게임 회사들이 2000년대 중후반 '우리도 저런 걸 만들자. 계속 돈을 잘 버니까'라는 생각으로 비슷한 게임들을 출시했지만, 대부분 실패했습니다. 현재 미국에서 나온 MMORPG 중 기억나는 것이 있나요? 아마 별로 없을 겁니다.

라이브 서비스 게임은 매우 어려운 분야입니다. 한국의 NC소프트나 넥슨 같은 회사들이 콘솔 게임 제작에 어려움을 겪듯이, 콘솔 회사들도 한국식 리니지 같은 게임을 제작하는 데 어려움을 겪습니다. 네트워크 기술력 부족과 지속적인 콘텐츠 생성 경험 부족, 유저 네트워크 관리 미숙 등이 그 이유입니다. 그래서 현재 많은 라이브 서비스 게임이 실패하고 있습니다.

소니 역시 12개의 프로젝트를 줄이거나 출시 시기를 늦추는 상황에 직면했습니다. 이로 인해 전체적인 게임 시장이 어려움을 겪고 있죠. 잠시 눈을 돌려 한국 게임 회사들의 주가를 살펴보면, 코로나 19 시기 급등했던 최고점 대비 5분의 1에서 6분의 1 수준으로 떨어진 회사가 많습니다. 대부분의 회사들이 코인 관련 사업에 집중하면서 주가가 상승했으나, 이후 코인 시장이 축소되면서 주가도 함께 하락했죠.

NC소프트는 리니지류 게임의 선두 주자로서 당시 많은 유저가 돈을 썼지만, 현재는 경쟁 심화로 인해 매출이 감소하고 있습니다. 그만큼 주가도 곤두박질쳤고요. 다른 일반적인 게임 회사들도 주가가 최고점 대비 3분의 1에서 2분의 1 사이로 떨어졌지요. 다만 예외적으로 넥슨과 넥슨게임즈는 현재 주가가 최고점하고 큰 차이가 없습니다. 이에 대해서는 마지막에 다시 설명하도록 하겠습니다.


## 게임 산업의 변화와 노조의 부상

게임 회사들이 계속해서 정리 해고를 단행하자 게임 개발자들도 당연히 대응할 필요성을 느끼게 되었습니다. 그래서 노조가 생기는 것은 자연스러운 현상처럼 보입니다. 그러나 이는 단순히 정리 해고 때문만은 아닙니다.

2021년은 미국 게임 업계에서 노동운동이 가장 크게 일어난 해였습니다. 이를 이해하려면 2017년에 있었던 미투 운동을 떠올려야 합니다. 2017년 하비 와인스틴의 성범죄 파문 이후 미투 운동이 확산했으며, 2018년에는 라이엇게임즈에서도 비슷한 일이 발생했습니다. 이어 2019년과 2020년에는 유비소프트와 블리자드에서도 유사한 사건이 일어났습니다. 성범죄와 성 착취, 괴롭힘 등의 문제가 이슈로 떠오르면서 노동운동이 거세졌던 것이죠.

또 다른 중요한 원인은 크런치 모드였습니다. 몇 년 전만 해도 게임 업계에서 가장 큰 이슈 중 하나는 크런치 모드였어요. 크런치 모드는 게임 출시를 앞두고 몇 달 동안 하루에 4시간 정도만 자며 계속해서 작업하는 것을 의미합니다. 이는 개발비 상승과도 연관이 있습니다. 개발비가 증가하면 마케팅 비용이 필요하고, 마케팅을 위해서는 출시일을 정해야 하죠. 그 출시일을 맞추기 위해 무리하게 작업하는 상황이 발생하는 것이고요.

출시를 앞두고 버그나 문제가 생기면 이를 해결하기 위해 미친 듯이 일해야 하므로 크런치 모드는 큰 이슈가 되었습니다. 그 여파로 미국에서는 2021년 최초로 게임 업계 노조를 설립했습니다. 한국에서는 넥슨에서 2018년에 가장 먼저 생겼고요.

최근 들어 노조가 더 많이 생기는 이유는 주로 고용 불안 때문입니다. 세가(Sega)의 미국 지사에서도 노조가 생겼고, 스웨덴에 있는 아발란체 스튜디오(Abalanche Studios)에서도 노조가 설립되었습니다. 폴란드의 CD 프로젝트 레드에서도 노조가 생겼고요. 이는 이제 전 세계적 현상이 되었습니다.

미국의 GDC(Game Developers Conference, 게임 개발자 회의) 사무국에서는 매년 설문 조사를 실시하고 있는데요, 약 3,000명을 대상으로 한 서베이에 따르면 응답자의 35%가 자신이나 동료들이 정리 해고 당하는 경험을 했다고 답변했습니다. QA(Quality Assurance)의 조사에서는 22%가 같은 답변을 했고요. 더 큰 문제는 설문 조사에 응답한 사람들의 56%가 이듬해에는 어떻게 될지 모르겠다고 답했다는 점입니다. 그래서 57%가 노조 설립을 찬성했고요.

이런 답변은 전례가 없는 것이었습니다. 게임 산업은 계속 성장했고, 다른 곳으로 이직하는 것도 비교적 쉬웠기 때문이죠. 물론 노조 설립에 부정적 시각을 가진 사람도 있었지만, 절반 이상이 노조의 필요성에 공감했다는 것은 주목할 만합니다. 특히 18~24세는 72% 이상이 찬성했습니다. 반면 나이가 들수록 노조 찬성률은 떨어졌습니다.

게임 업계의 노조 설립에는 마이크로소프트가 중요한 역할을 했습니다. 원래 미국의 대형 기술 기업은 노조를 매우 싫어해요. 아마존이나 구글, 애플은 노조 방해 행위로 널리 알려진 회사죠. 액티비전 블리자드나 닌텐도 미국 지사는 이 때문에 소송을 당하기도 했고요.

하지만 2012년에 마이크로소프트가 CWA(Communications Workers of America, 미국통신근로자노동조합)와 협약을 맺었습니다. 마이크로소프트가 노조의 설립과 활동 권리를 존중하겠다는 내용의 협약이었습니다. 그 전까지 마이크로소프트 산하 기업에는 노조가 없었죠.

마이크로소프트가 이렇게 한 이유는 액티비전 블리자드 인수를 앞두고 친노조 이미지를 보여주어 인수 심사에서 유리한 위치를 차지하려 했기 때문입니다. 이에 따라 마이크로소프트 산하 기업에서 갑자기 여러 노조가 생겨났습니다. 예를 들어, 600명의 액티비전 QA 직원들이 노조를 만들었고, 월드 오브 워크래프트 개발팀도 노조를 결성했습니다.

한국에서도 비슷한 현상이 일어났습니다. 넥슨에서 시작된 노조 설립이 스마일게이트와 엑셀게임즈로 이어졌습니다. 2020년 이후에는 웹젠, NC소프트, NHN 그리고 2024년 넷마블에서도 노조가 생겨났습니다. 이런 현상은 고용 문제에 대한 인식이 높아졌기 때문입니다. 앞으로 크래프톤, 펄어비스, 네오위즈 등에서도 노조가 결성될 가능성이 높다고 봅니다.

그럼 노조 설립 후 한국 게임 신에는 어떤 변화가 있었을까요? 이전에는 볼 수 없었던 뉴스들이 나오고 있습니다. 경영진의 권고사직에 노조가 반발했다, 불복종 운동을 하고 있다, 파업을 고민 중이다, 파업 예고를 했다, 쟁의 직전까지 갔다 등의 뉴스가 쏟아지고 있는 겁니다. 이는 이전까지 게임 신에서는 전혀 본 적이 없던 현상입니다.

급기야 NC소프트에서는 QA 조직 분사를 시도했으나, 노조의 불복종 운동으로 인해 경영진이 분사 후 3년 내에 폐업하거나 매각할 경우 본사로 재고용하겠다고 발표했습니다. 이는 노조의 힘이 발휘된 사례입니다. 이런 일은 앞으로도 계속될 것으로 보입니다. 게임 기업의 노조가 늘어날수록 더 많은 영향력을 갖게 될 것입니다.

미국과 한국의 게임 노조는 약간 다른 모습을 보이고 있습니다. 미국의 세가 노조는 LGBTQ+ 지원 등 사회적 활동에도 관심이 많으며 다양성을 챙기려 노력합니다. 그리고 이런 노조 활동을 지원하고 도와주는 사회단체들이 있습니다. 노조를 위해 킥스타터(Kickstarter) 같은 크라우드 펀딩을 해야 될 때가 아닌가 하는 이야기도 나오고 있는 상황이죠.

반면, 한국의 넥슨 노조는 자사 사옥 앞에서 민주노총 회원들이 집회한 일 때문에 갈등을 겪기도 했습니다. 상급 노조보다는 회사가 더 중요하다고 생각하기 때문이죠. 또한 넥슨 노조에서는 초창기에 다른 게임 회사에서 노조를 설립할 때 도움을 주곤 했는데, 정작 노조원들은 이를 별로 좋아하지 않았습니다. 자사의 급여나 노동조건, 복지 등이 더 중요한 일인데, 다른 게임 회사의 일까지 신경 쓸 필요는 없다는 것이죠.

노조 활동의 방향성에 대해서는 앞으로 한국과 미국을 비교하면서 살펴볼 필요가 있을 것 같습니다.

그런데 이 같은 노조화 현상은 노동조합에 가입한 직원들에게는 좋을 수 있지만, 게임 신 전체적으로는 지점도 있습니다. 먼저 현재 정리 해고 등이 벌어지는 상황 자체는 외부 인식에 안 좋은 영향을 미쳐 게임 업계에 새로운 인력이나 투자가 들어오는 데 허들이 될 거예요. 그런데 회사에서 인력 조정을 하기 어려워지면 신규 입사자나 경력직 구직자들의 입사는 더욱 힘들어지겠죠. 신규 인재의 유입을 막고, 기존 인재의 유출을 강화하는 이중의 문제가 발생할 가능성이 높아질 수도 있고요.

## 게임 회사의 수수료 문제와 이에 대한 각국의 대책

지금까지 게임 회사들이 겪고 있는 비용 증가와 매출 감소, 그리고 이로 인한 정리 해고와 노조 설립 현상에 대해 살펴봤습니다. 그렇다면 게임 회사들은 매출을 늘리기 위해 무엇을 해야 할까요?

게임 회사의 매출이 줄어든 근본적인 이유 중 하나로 수수료 문제를 들 수 있습니다. 구글이나 애플의 모바일 게임 앱을 낼 경우 대형 회사들은 대부분 30%의 결제 수수료를 지불해야 합니다. 소규모 회사들은 15%를 내야 하고요.

스마트폰 이전 피처폰 시대에는 글로벌 서비스를 제공하는 SK나 KT 같은 통신사를 일일이 찾아가서 계약해 게임을 넣어야 했습니다. 구글이나 애플 같은 글로벌 플랫폼에 직접 올리는 것보다 더 힘들었죠. 반면 앱스토어가 생겨나면서 게임 회사들은 직접 게임을 퍼블리싱할 수 있게 되었습니다. 애플이나 구글은 전 세계적 서비스가 가능했기 때문에 이 플랫폼에 게임을 올리면 바로 전 세계 사용자들이 과금하고 게임을 즐길 수 있었습니다. 이렇게 바로 시장에 진입할 수 있었기 때문에 구글이나 애플의 수수료는 초기에 문제가 되지 않았죠.

하지만 현재의 상황은 크게 달라졌습니다. 게임이 너무나 많아진 거죠. 셀 수도 없이 많은 게임 중에서 새로운 게임을 발견할 확률이 크게 줄어들었습니다. 그럼에도 불구하고 여전히 30%, 혹은 15%의 수수료를 지불해야 하는 상황인 것이죠.

2012년 카카오게임센터가 있던 시절, 애니팡 같은 게임이 전 국민의 인기를 끌었지요. 많은 게임사들이 카카오게임센터에 게임을 입점시키려 했습니다. 그런데 실상을 보면, 카카오 게임센터는 구글에 입점해 있었어요. 즉, 게임사들은 구글의 수수료 30% 외에 나머지 70%에서 다시 30%, 그러니까 대략 21%를 카카오게임센터에 추가로 지불한 후 나머지 49%의 매출만을 수익으로 가져갈 수 있었습니다. 그래도 초기에는 워낙 많은 사람에게 노출되었기 때문에 이건 문제가 안 됐죠. 하지만 시간이 지나면서 게임 수가 늘어나자 기존 인기 게임 외에 신규 진입하는 게임은 살아남기가 힘들어졌습니다. 이렇게 신규 게임의 입점이 줄면서 결국 카카오게임센터도 문을 닫고 말았죠.

백화점을 예로 들어보겠습니다. 백화점의 수수료는 대략 25%(화장품의 경우는 약 28%)입니다. 비싸긴 하죠. 그런데 백화점에 입점하는 브랜드를 무한정 늘일 수는 없습니다. 그리고 일정한 숫자의 비슷한 수

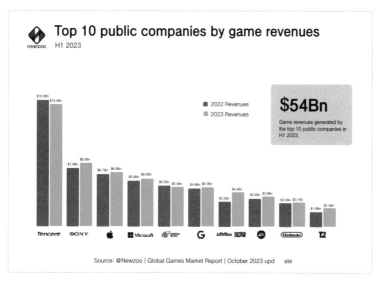

[표26] 상위 10개 퍼블리셔가 2023년 상반기에 544억 달러의 매출을 올렸다. 출처: newzoo.com

준을 갖춘 브랜드만 입점해 있기 때문에, 만약 거기에 속해 있다면 그 수준을 즐기는 사용자들을 지속적으로 만나고 이들을 상대로 판매할 수 있다는 뜻입니다. 그렇다 보니 수수료가 높긴 해도 구글이나 애플 같은 불만이 생기지 않는 것이죠.

　반면 구글이나 애플은 무한정 입점이 가능합니다. 그런 상황에서 예전과 똑같은 수수료를 계속 내야 한다는 게 게임 회사들로선 불만이었죠. 그러던 중 역사적인 판결이 나왔습니다. 2023년 12월 11일, 에픽게임즈가 구글을 상대로 제기한 소송에서 승소한 것입니다. 구글은 세계 앱 마켓 시장의 90% 이상을 점유하고 있으며, 자체 결제 시스템 이용을 의무화하고, 최대 30%의 결제 수수료를 부과하는 정책을 시행하고 있습니다. 에픽게임즈는 구글의 이러한 인앱 결제 (in-APP Purchase) 정책 등이 반독점법 위반이라며 소송을 제기해 승소한 것입니다. 이는 앞으로 게임 산업에 큰 변화를 가져올 중요한 이슈로 보입니다.

[표26]은 매출 기준 상위 퍼블리싱 게임사를 보여줍니다. 텐센트가 1위이고, 2위는 소니, 그다음으로 애플과 마이크로소프트, 넷이즈, 구글 등이 자리를 차지하고 있죠. 그런데 특이한 점은 애플과 구글은 모두 직접 게임을 만들지 않는다는 것입니다. 소니와 마이크로소프트는 세계에서 가장 잘나가는 콘솔을 만드는 회사이고, 텐센트와 넷이즈는 직접 게임을 제작하죠. 애플과 구글은 플랫폼만 제공하는 빅테크 기업이라고 할 수 있습니다. 그런데 이들이 게임 입점 수수료만으로 544억 달러, 한화로 약 72조 6,979억 원이나 되는 매출을 올렸다는 겁니다.

게임 회사는 수익이 생기면 이를 게임 개발에 재투자합니다. 그러면 더 좋은 게임을 만들어내 게임 산업을 키우는 복리 효과가 발생하죠. 하지만 앞의 표에 있는 플랫폼 기업들이 돈을 번다고 게임에 투자를 할까요? 아마도 그렇지 않을 것입니다.

게임 회사는 열심히 게임을 만들어도 30%의 수수료를 세금처럼 플랫폼에 지속적으로 지급해 왔는데, 매출이나 수익성이 떨어지는 등 어려움이 커지면서 불만이 늘어날 수밖에 없습니다.

그럼 에픽게임즈가 구글에 소송을 제기한 상황을 조금 더 살펴보겠습니다. 에픽게임즈의 대표 팀 스위니(Tim Sweeney)는 개발자 출신입니다. 그는 2010년대 중반부터 퍼블리싱 수수료는 8%가 적당하다고 주장했어요. 자신이 개발자 출신이다 보니, 그 정도 비용이 적당하다는 계산을 할 수 있었던 것이죠.

그리고 2018년 직접 PC 기반 퍼블리싱 스토어를 론칭해 수수료를 12% 정도로 책정함으로써 구글과 애플을 압박했습니다.

그러면서 에픽게임즈는 2020년 8월 포트나이트에서 인앱 결제가 아닌 자체 결제 시스템으로 과금할 수 있게 했어요. 그러자 구글과 애플은 이 게임을 구글 플레이와 앱스토어에서 퇴출시켰고, 이에 에픽게임즈는 미국연방지방법원에 반독점 소송을 제기한 것이죠.

앱스토어의 수수료 문제는 비단 게임에만 국한된 게 아니에요. 웹 소설의 경우도 모바일에서 직접 결제하면 구입 비용 외에 애플 수수료를 더 내야 하는 상황이죠. 그래서 요즘 MZ들은 결제를 PC에서 하는 경우가 많다고 해요.

그리고 앞에서 언급한 대로 2023년 12월 11일에 역사적인 승리가 있었습니다. 안드로이드 앱을 사용하는 폰 게임 마켓에서 게임 다운로드를 구글이 독점하는 것은 불법이라는 판결이 나온 것입니다. 인앱 결제액의 30%를 받는 것 역시 반독점법 위반이라는 판결도 나왔고요.

이러한 판결이 나오기까지의 과정이 매우 흥미롭습니다. 구글은 팀 스위니를 막기 위해 2019년부터 일종의 작업을 시작했습니다. '프로젝트 허그'라는 이름으로, 2019년부터 2020년 사이에 20~21개 게임 회사와 비밀 계약을 맺은 거예요. 에픽게임즈와 협력하지 말고 구글과 협약을 맺으면 수수료 일부를 돌려주겠다는 내용이었죠. 여기엔 블리자드, 액티비전, 유비소프트, 텐센트, 넷이즈, 라이엇, EA 등 세계적인 회사는 물론 한국의 NC소프트, 넥슨, 넷마블, 펄어비스 등도 포함되어 있었죠.

구글은 자신들이 '나쁜 짓을 하지 않는다(Don't be Evil)'라고 주장해 왔지만 내부 자료가 공개되면서 실상이 드러났습니다. 게다가 구글은 음악 서비스 플랫폼인 스포티파이하고도 비밀 계약을 맺었어요. 여기서는 수수료를 전혀 받지 않거나 최대 4%만 내도록 했죠. 이는 구글이 낮은 수수료로도 충분히 운영할 수 있다는 걸 의미합니다.

재판 결과는 즉각 글로벌 이슈가 되었습니다. 미국에서는 반독점 재판 과정 중에 또는 그 이전부터 연간 수익 200만 달러 이하인 게임 회사들이 구글 및 애플과 화해 조정을 진행했습니다. 약 4만 8,000개의 회사가 구글과, 약 6만 7,000개 회사가 애플과 화해 조정을 마쳤죠. 한편, 미국의 주요 게임 대기업들은 현재 개별적으로 구글과 애플을 상대로 소송을 제기하고 있으며, 국내에서도 29개 이상의 업체가 조정을 준비 중인 것으로 알려져 있어 이러한 움직임은 한국에서도 이어질 것으로 보입니다.

이와 별도로 영국과 유럽연합에서도 구글과 애플에 대한 압박이 계속되고 있습니다. 유럽연합에서는 2024년 3월 디지털시장법(Digital Markets Act, DMA)이라는 강력한 법안을 시행해 빅테크 기업들의 시장 지배력 남용을 방지하려 하고 있습니다. 이를 개선하지 않을 경우 전 세계 매출의 최대 10%에 달하는 벌금을 부과하겠다는 겁니다. 아울러 이 요청을 받아들이지 않을 경우 최대 20%의 벌금을 부과할 것이라고 합니다. 어마어마한 규모죠. 애플은 이에 반응해 유럽에서 수수료를 17% 인하하고 앱스토어 외에서도 결제가 가능하도록 했습니다.

영국과 일본에서도 비슷한 일이 벌어지고 있습니다. 영국에서는 디지털시장법과 비슷한 법안을 통과시켰고, 일본에서는 '스마트폰 소프트웨어 경쟁촉진법'이 통과되었습니다. 이에 따라 영국은 유럽연합과 마찬가지로 전 세계 매출의 최대 20%를 벌금으로 부과할 계획이며, 일본은 국내 매출의 최대 30%를 벌금으로 부과할 예정입니다.

한국은 2021년 전 세계 최초로 '인앱결제강제금지법'을 국회에서 통과시켰습니다. 이 결정을 보고 팀 스위니는 트위터에 "나는 한국인이다"라는 글을 올리기도 했죠. 방통위는 2023년 구글과 애플에 과징금으로 약 680억 원을 부과했으나 아직 실제로 집행되지는 않았습니다. 한국 정부는 자율 규제를 앞세우며 문제 해결을 추진하고 있지만 실효성 있는 법적 규제와 명확한 정책 변경이 필요한 상황입니다.

이미 많은 게임 회사가 구글과 애플의 지배에서 벗어나기 위해 노력하고 있습니다. 이를테면 '3자 결제'를 통한 과금 방법의 다양성을 꾀하고 있죠. 이는 우리가 게임을 구글이나 애플에서 다운로드받은 후, 앱 내부에서 결제하는 대신 웹사이트를 통해 결제하는 방법을 의미합니다. 웹사이트에서 결제해도 게임에 반영되거든요. 이 경우 수수료는 약 5% 정도고요.

넥슨은 이미 2023년부터 많은 게임에 이 방식을 도입했습니다. 넷마블 역시 2024년부터 이를 본격적으로 시도하고 있고요. 넷마블은 2023년에만 수수료로 1조 5,000억 원을 지출했습니다. 그 수수료를 절약한다면 상당한 매출 증가가 예상되죠. 이렇게 수수료 분쟁과 관련한 규칙 변경은 게임 기업들의 매출에 직접적으로 영향을 주기 때문에 매우 중요한 사안입니다. 따라서 3자 결제는 계속해서 증가할 것입니다.

한편 중국 게임 회사들은 99%가 웹 결제를 이용하고 있는 반면, 한국 게임 회사들은 약 10% 정도만 웹 결제를 사용하고 있어요. 현재 중국 회사들은 수수료 절감 노하우를 많이 쌓은 상태인데, 한국 회사들은 아직 그런 노하우가 부족합니다. 우리 게임 회사들도 생존을 위해 다양한 노력이 필요한 상황입니다.

그렇다면 앞으로는 어떻게 될까요? 2024년 8월 미국 법정에서는 구글이 온라인 검색에서 독점 기업이라는 판결이 나왔습니다. 이는 2000년대에 마이크로소프트의 독점 판결 이후 약 25년 만에 나온 획기적인 판결입니다. 앞으로 게임 신뿐만 아니라 전체 미디어 사이트 신에도 큰 영향을 미칠 것으로 예상됩니다.

미국 공정거래위원회는 구글뿐만 아니라 다른 빅테크 기업, 이를테면 애플, 메타(페이스북), 아마존 등에 대해서도 소송을 제기한 상태입니다. 아마도 2024년 8월의 판결이 이후 소송에도 큰 영향을 미칠 것으로 보입니다.

# AI와 게임 산업의 미래

현재 우리가 목격하고 있는 것처럼, 정리 해고는 미국뿐만 아니라 전 세계적으로 급증하고 있습니다. 이로 인해 일손이 부족해지는 상황이 발생할 수 있으며, 이를 대체하기 위해 AI의 필요성이 더욱 커지고 있죠.

따라서 게임 회사들은 AI를 더 적극적으로 활용하려고 노력할 것입니다. 그러나 당장은 그렇다 하더라도, 앞으로 AI를 더 많이 사용하면 사람의 일자리를 빼앗을 가능성이 높습니다. 이는 결국 정리 해고를 증가시키는 결과를 초래할 테고요

앞서 말씀드린 바와 같이 GDC에서는 매년 설문 조사를 실시하고 있는데, 그 결과에 따르면 약 49%의 응답자가 AI를 활용한다고 답했습니다. 그중 31%는 직접 사용한다고 밝혔고요. 이미 많은 사람이 AI를 사용한다는 얘깁니다.

하지만 대부분의 경우 비즈니스, 재무, 마케팅, 홍보 등에서 훨씬 더 많이 AI를 사용하고 있죠. 게임 쪽에서는 게임을 직접 만들지는 않고 아트, 오디오 또는 내러티브 제작 시 일부 사용한다는 설문 조사 결과가 나왔습니다. 코딩을 지원해주는 AI 프로그램은 많이 쓰이는 것 같은데, 이는 제작 프로세스 속도를 높이는 데 유용합니다.

그런데 이 조사에서 84%가 앞으로 게임 생태계에 AI가 미칠 영향에 대해서는 걱정스럽다고 답했습니다.

대규모 구조 조정을 단행했던 마이크로소프트는 인월드AI(Inworld AI)라는 게임 관련 회사와의 협업을 발표했습니다. 인월드AI는 NPC(Non Player Character)라고 불리는, 게이머가 아닌 게임 내 캐릭터를 생성하는 엔진으로 유명합니다. 딥마인드 출신들이 이 회사를 세웠는데요, 구글, 마이크로소프트, 삼성, LG 등과 관련 있는 창투사와 벤처 캐피털이 모두 투자를 했죠. 구조 조정이 한창 진행 중인 상황에서 AI 회사와의 협업을 발표했다는 것은 결국 사람을 AI로 대체하겠다는 의미로 읽힙니다.

또 다른 예를 살펴볼까요?

엔비디아는 AI로 수익을 창출하는 데 가장 뛰어난 회사로 알려져 있습니다. 이를 더욱 활성화하기 위한 노력인지는 모르겠지만, 이 회사는 에이스(ACE)라는 게임 관련 툴도 보유하고 있습니다. 텐센트 같은 대기업들이 이 툴을 활용하고 있죠.

2024년 초부터 이런 상황이 벌어지자, 대기업에서 일하는 게임 개발자들이 큰 부담을 느끼기 시작했습니다. 캐릭터를 만들고, 스토리를 구성하고, 퀘스트를 설계하는 업무가 AI에 의해 대체될 가능성이 커지면서 해당 업무를 담당하던 사람들이 직장을 떠날 수밖에 없는 상황이 닥쳤기 때문입니다.

인디게임 신에서도 비슷한 현상이 나타났습니다. 2024년 4월 폴란드 개발자가 만든 인디게임 '매너 로드'가 출시되자마자 100만 장 넘게 팔렸고, 동시 접속자는 17만 명에 달했습니다. 이렇게 규모가 큰 게임을 혼자서 어떻게 만들었냐는 질문에 그 개발자는 AI를 활용했다고 대답했습니다. 이는 즉각 인디게임 개발자들 사이에서 큰

렐루게임스가 만든 '마법 소녀 카와이 러블리 즈쿵도쿵 바쿵 부쿵 루루핑' 게임 장면. 출처: 스팀

화제가 되었죠. 비슷한 시기에 이치로 램베라라는 30년 경력의 게임 개발자가 블로그에 글을 올렸습니다. 스팀 스토어를 크롤링한 결과 1,000개 이상의 게임이 생성 AI를 사용하고 있다는 내용이었죠. 이를 보고 개발자들은 모두 불안해했습니다. 자신의 직업을 AI가 바로 대체할 수 있다고 여겼거든요.

하지만 실상은 조금 달랐습니다. 그 폴란드의 개발자는 다양한 사람과 계약을 맺어 지원을 받았으며, 그 인원은 10명 이상인 것으로 알려졌습니다. 물론 일부 AI를 사용한 것은 확실하지만, 주된 작업은 결국 인간의 손길이 필요했죠.

스팀에서 생성 AI 사용 분야를 정리한 자료에 따르면, 캐릭터나 NPC 제작 아트워크, 원화, 배경 이미지 및 환경과 관련한 이미지, 콘셉트 아트와 UI 아이콘 등 간단한 그래픽 작업에 AI가 많이 쓰인다는 걸 알 수 있습니다. 또한 스토어나 마케팅용 이미지, 보이스 액팅 및 오디오 작업에도 쓰입니다. 그러나 본격적인 인디게임 제작에는 아직까지 생성 AI가 크게 기여하지 못하고 있으며, 그 주변 영역에서만 주로 활용되고 있는 실정입니다.

다음은 한국 사례를 한 번 살펴보겠습니다. 먼저, 크래프톤의 자회사인 렐루게임스를 소개합니다. 이 회사가 만든 게임 중 하나는 '언커버드 스모킹 건'입니다. 또 다른 게임으로는 '마법 소녀 카와이 러블리 즈쿵도쿵 바쿵부쿵 루루핑'이라는 것이 있는데, 둘 모두 AI 기술로 제작했습니다.

먼저 '언커버드 스모킹 건'은 플레이어가 수사관 역할을 맡아 AI 로봇들을 신문하면서 사건을 해결하는 추리 게임입니다. 이 로봇들은 GPT 3.0으로 작동하며, 사건 관련 이야기를 할 때 종종 거짓말을 할 수도 있습니다. 플레이어는 이를 파악해서 진실을 밝혀내야 하죠.

'마법 소녀' 게임은 미래 사회에서 인구 감소로 인해 마법 소녀가 줄어드는 상황이 그 배경입니다. 그래서 40대 아저씨가 마법 소녀가 되어 활동하죠. 마법 주문을 직접 외워서 누가 더 정확하게 말했느냐를 갖고 대결하는 게임이에요. 음성 인식을 통해 마법 주문을 외치는 방식으로요. 이 게임은 3명이 한 달 동안 개발한 결과물이라고 합니다.

다음으로 소개할 것은 베이글코드라는 회사 내부에 있는 PKC(펑크코드) 스튜디오에서 만든 게임입니다. 여기서 만든 RPG 게임 역시 AI를 적극 활용하고 있습니다. 앞서 언급한 두 게임하고의 공통

점은 AI를 집중적으로 사용한다는 것입니다. 이런 회사에서는 대부분 90% 이상의 작업에 AI를 활용합니다.

AI를 사용하는 게임은 주로 3D 요소 없이 2D 그래픽과 간단한 액션으로 구성됩니다. 위의 게임들을 보면 실물 캐릭터는 물론 섬세한 액션이나 3D도 없죠. 현재 AI는 사운드, 세계관 설정, 대사 작성 등의 영역에서 원화 아트워크를 만드는 데 주로 쓰입니다. 더불어 2D 그래픽 및 배경 제작과 2등신, 3등신 캐릭터를 만드는 데 더 많이 쓰입니다.

애니팡 같은 2D 카드 수집형 게임에는 AI가 적합하지만, 3D 액션 실사형 캐릭터가 등장하는 게임에서는 아직 직접적으로 사용하기 어려운 상황입니다. 이와 함께 가장 큰 문제는 저작권인데요, 생성 AI의 캐릭터가 다른 게임이나 인물과 유사할 경우 전체 게임의 화면과 장면 등을 손봐야 하기 때문에 이처럼 본격적으로 사용하기는 힘든 것입니다.

유니티 같은 플랫폼은 이러한 문제를 해결하기 위해 노력하고 있습니다. 유니티는 2024년부터 뮤즈(Muse)라는 도구를 적극적으로 밀고 있는데, 이 프로그램은 텍스트 프롬프트만으로도 빠르고 간단하게 3D 모델링을 가능케 합니다. 그래서 프로토타입을 만들기에 가장 적합한 프로그램으로 알려지고 있죠. 개발 과정의 속도를 획기적으로 개선할 수 있어 실제로도 쓸모가 있을 것이라는 생각이 듭니다. 그러나 유니티도 직원의 25%를 정리 해고했고, AI 기술이 실제로 얼마나 도움을 줄지는 불확실합니다. 많은 게임 개발자들이 이러한 변화를 우려하고 있습니다.

## 한국 게임 산업의 위기와 넥슨의 대응, 검은 신화: 오공의 시사점

근래 게임 기업의 주가 변동을 보면, 많은 회사가 큰 폭으로 하락하는 가운데 넥슨과 넥슨게임즈는 상대적으로 안정적인 모습을 유지하고 있습니다. 또한 8월 출시된 중국 게임 검은 신화: 오공은 세계적인 화제를 모으며 흥행에 성공하고 있죠. 이 현상들이 주는 시사점을 언급하며 글을 맺고자 합니다.

현재 한국 게임 산업은 심각한 위기에 처해 있다고 생각합니다. 그동안 한국 게임 산업은 특정 경로에 의존해 성장해왔습니다. '리니지' 같은 MMORPG 스타일의 게임과 확률형 아이템을 통해 수익을 창출하는 방식이 대표적이었죠. 이런 모델은 고액 결제 유저를 타깃으로 했으며, 글로벌 시장에서는 성공하기 어려웠습니다. 게이머의 취향과 성향이 너무 달랐으니까요.

리니지 IP의 게임이 미국에서 번번이 실패한 것은 너무나 당연한 현상이었죠. 유일하게 성공한 대만을 제외하고는 한국의 리니지 라이크 게임은 크게 인기를 끌지 못했습니다.

그런데 코로나19 팬데믹 동안 이러한 한계가 일시적으로 가려졌습니다. 아니, 오히려 장점으로 부각됐습니다. 그때는 사람들이 집에서 할 수 있는 게 게임밖에 없다 보니 국내 매출이 치솟았으니까요. 그러나 팬데믹이 끝난 지금, 상황은 완전히 달라졌습니다. 리니지 라이크와 국내 시장의 한계가 명확하게 드러났죠. 이제는 어떻게 적응하느냐가 중요한 과제로 떠올랐죠. 넥슨과 넥슨게임즈는 이와 관련해 좋은 시사점을 제공합니다.

넥슨은 2014년 11월에 '나는 돈슨입니다'라는 영상을 공개했습니다. 유저들이 넥슨을 비판하며 사용한 '멸칭'을 직접 자신들의 홍보 영상에 그대로 넣은 거죠. 당시 많은 게임 회사가 운영 효율화를 명목으로 기존 게임의 서비스를 강화하면서 매출을 늘리는 방식을 택했는데, 이것이 유저들의 불만을 크게 자극했습니다. 이에 넥슨은 기조를 완전히 바꾸었습니다. 매출보다 UV(Unique Visitors)를 중시하고, 고액 결제 유저보다 중간층 유저를 공략하겠다는 전략을 세운 것입니다. 결국 글로벌로 나아가겠다는 선언을 한 셈이죠.

넥슨은 이후 많은 우여곡절을 겪으면서도 그 기조를 계속 유지했습니다. 최근에는 이런 기조를 '빅 앤드 리틀'이라고 부릅니다. 자본이 많이 들어간 빅 게임 외에 작고 가벼운 게임들을 동시에 출시하는 걸 말합니다. 2023년과 2024년 넥슨은 글로벌 시장에서 '데이브 더 다이버' '블루 아카이브' '퍼스트 디센던트' 등의 게임을 연속적으로 성공시켰습니다. 넥슨이 글로벌 니치 시장을 찾은 거죠. 특히 인디게임이나 서브컬처, 루트 슈터 같은 새로운 장르에 집중 투자했는데, 그 방식이 재미있습니다. 덕후들을 팀으로 모았거든요.

예컨대 넥슨에서는 그 장르 게임을 정말 좋아하는 사람들을 모은 다음 그들 중심으로 30명 내외의 조직을 만들고, 그 조직의 프로듀서와 팀에 의사 결정권을 주었습니다. 자신들이 가장 하고 싶은 게임을 만들도록 한 겁니다. 해당 장르 게임을 가장 잘 알고 잘 하기 때문에 그들이 잘 만들 수도 있을 거라고 생각한 거지요.

팀원들은 바로 게이머들과 소통했습니다. 물론 게이머들도 그 게임을 정말 좋아하는 사람들이었죠. 이렇게 서로 좋아하는 사람들끼리 소통하니 사용자 그룹에서 새로 출시되는 게임에 더 많은 기대와 애정을 보내는 분위기가 형성되었습니다.

타깃 유저가 어떤 것을 원하는지 알기 때문에 사고가 생겨도 빠르게 대처 가능한 매뉴얼을 만들 수 있었습니다. 회사에서는 예산과 출시 시기 정도만 조정하는 역할을 했고요.

결국 프로젝트에 진심인 개발자가 더 많은 자율권을 얻을 때 게임 회사는 더 성장할 수 있었습니다. 한국에서는 쉽지 않은 콘솔 장르에서 성공한 네오위즈의 'P의 거짓', 시프트업의 '스텔라 블레이드'도 같은 케이스입니다.

2024년 8월 출시해 1달 만에 2,000만 장 이상 팔려 전 세계적으로 화제가 됐던 중국 게임 '검은 신화: 오공'도 비슷한 케이스죠. 개발사 게임 사이언스는 2020년 8월 13분 분량의 게임 플레이 트레일러를 빌리빌리와 유튜브에 예고 없이 공개했죠. 이 역시 그 당시 크게 화제가 됐는데, 리쿠르팅과 투자 유치를 위한 목적이었죠.

동영상을 공개한 목적은 충족됐습니다. 액션 게임, 소울 라이크 게임을 좋아하는 중국 개발자들이 1만 명 이상 '낚여서' 구직 이메일을 보냈습니다. 일부는 동영상 공개 다음 날 항저우에 있는 회사까지 직접 찾아갈 정도였죠. 그런 구직자 중에 소울 라이크 게임에 진성인 멤버들을 모았기 때문에 콘솔 게임 불모지인 중국에서 세계적인 흥행작을 만들어 낼 수 있었을 겁니다.

하지만 현재 한국 업계의 전반적인 상황은 이와는 거리가 있습니다. 신규 게임을 발표할 때 많은 회사들은 개발자가 아닌 프로젝트 매니저를 내세웁니다. 한국 게임 업계가 글로벌 시장에서 성공하고 작금의 위기를 극복하기 위해서는 이런 자리에 수익모델보다 게임성에 대해 이야기할 PD나 개발자가 나와야 하지 않을까 싶습니다. 요즘 글로벌 게임 신에서 한 게임이 성공하기 위해서는 그 게임을 진심으로 좋아하는 사람이 만들고 그걸 설명하는 게 가장 중요하니까요. 2025년에는 부디 이런 변화가 불어오길 기대해봅니다.

디지털 미디어 인사이트 2025

# AI 에이전트가 온다

| 초판 1쇄 인쇄 | 2024년 10월 10일 |
|---|---|
| 초판 1쇄 발행 | 2024년 10월 20일 |

| 지은이 | 김경달 강정수 한정훈 황성연 이성민 임상훈 |
|---|---|
| 펴낸이 | 황윤정 |
| 펴낸곳 | 이은북 |
| 출판등록 | 2015년 12월 14일 제2015-000363호 |
| 주소 | 서울 마포구 동교로12안길 16, 삼성빌딩B 4층 |
| 전화 | 02-338-1201 |
| 팩스 | 02-338-1401 |
| 이메일 | book@eeuncontents.com |
| 홈페이지 | www.eeuncontents.com |
| 인스타그램 | @eeunbook |

| 책임편집 | 하준현 |
|---|---|
| 교정 | 이형진 |
| 디자인 | 이미경 |
| 제작영업 | 황세정 |
| 마케팅 | 이은콘텐츠 |
| 인쇄 | 스크린그래픽 |

© 김경달 외, 2024
ISBN 979-11-91053-43-2 (13320)